続 ジェンダー労働論
労働力の女性化の光と影

川東英子

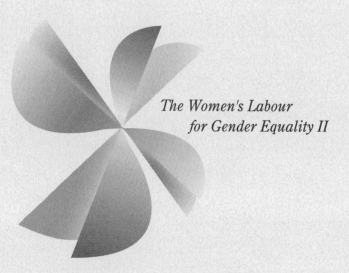

The Women's Labour for Gender Equality II

ドメス出版

はしがき

　日本の女性労働が、今、大きな転換点を迎えている。女性の働き方の象徴であった「女性雇用の M 字型」、すなわち女性が出産・育児期に職業を中断し、その後再就職する「職業中断型」から、ようやく脱皮しようとしているのである。女性雇用の M 字型が形成されたのは高度経済成長初期であり、それから約 60 年の歳月を経て、ようやく脱皮に近づいたのである。

　脱皮の兆しは、まず女性の望ましい就業のあり方に関する社会の意識の変化にあった。それまで支配的であった「職業中断型」が 1990 年代に減少し始め、2000 年代に入ると、「職業継続型」が「職業中断型」を追い抜いた。女性だけではなく、男性も含めて（いや男性のほうが少し早く）逆転した。

　続いて、性別役割分業に関する社会の意識の変化である。初期の世論調査である 1979（昭和 54) 年には、男女とも 7 割以上（男性は大半）が賛成であった。その後女性が一足早く反対が賛成を上回るようになり、2000 年代にはほぼ半数が反対、2016（平成 28）年の最新の調査では約 6 割（58.5％）と過去最高を記録した。他方男性は、長らく賛成が反対を上回ってきたが、2016 年には 2009 年に次いで再び反対が約半分（49.4％）となり、賛成を上回った。こうして、2016 年は、男女とも反対が賛成を上回り、日本の性別役割分業観の画期的転換を示す記念すべき年となったのである。

　もっとも他の先進国は、男女とも反対が 8 〜 9 割の高さを誇っているから、その水準には遠くおよばず、性別役割分業観を解消できたと安心することはできない。とはいえ、ようやく反対が賛成を上回ったのであり、隔世の感がある。

　実際の女性の働き方にも変化がみられる。出産しても働き続ける女性が増加したことである。日本の女性は、これまで長らく第 1 子出産を機に仕事を辞める人が 6 割を占めていたが、最近の 5 年間（2010 〜 2014 年）に第 1 子を出産した女性は、半分以上（53.1％）が職業を継続するようになった。日本の女性も、出産しても仕事を辞めない人が、初めて多数派になったのである。

　と同時に、母親の再就職の早期化がみられる。自分のキャリアや家計を考

えて再就職が早まっている。1990年代は、男女を問わず、失業と非正規雇用が増加した時代であった。男性といえども雇用は安泰ではなくなった。2000年代に入ると、むしろ男性のほうが女性より失業と就職難に直面した。これまでとは明らかに異なる雇用環境に転換したのである。子どものいる雇用者世帯では、3分の2にのぼる母親が働く時代になった。

　このような社会意識と雇用環境の変化を受け、2000年以降小さな子どもをもつ母親の就業率が急激に上昇した。6歳未満の子どもをもつ母親で、非農林業雇用者として働く人は、2015年には6割弱（57.7％）に上昇した（2000年には4割弱〈37.6％〉）。また3歳未満の子どもをもつ母親のそれも、2015年には半分弱（45.3％）に上昇し、2000年（2割強〈22.0％〉）に比べ倍増したのである。いまや（2015年）母親は、子どもが3歳以下で半分弱（45.3％）が働き、小学校に上がるころには約7割（67.4％）が働くようになったのである。まさに2000年以降の変化は急激である。

　とはいえ、日本が働く母親に優しい社会に変わったわけではない。子育てしながら働くことを支援する社会環境は、改善されつつあるが、まだまだ不十分である。マタニティ・ハラスメント、育児休業、保育所、短時間勤務制度、労働時間など、子育て支援の社会的条件はまだ十分に整備されていない。また家庭でも、男性の家事・育児分担は不十分で、女性の肩に多くの負担がかけられている。先進諸国の男性（夫）の家事・育児分担に比べると相当少ない（3分の1程度）ままである。

　それになにより問題なのは、女性労働者の非正規雇用化が、急速に進行したことである。パートタイマーは、高度経済成長期に既婚女性を労働市場に参入させるために、初めて導入された。男女雇用機会均等法の成立したバブル期以降は、女性労働者の増加は、パートタイマーを主力とする非正規労働者が、正規労働者を上回っている。その結果、2003年には総数においても、非正規労働者が正規労働者を上回ったのである。

　2000年代初頭、男性若年労働者の非正規化が、フリーターやニートとして社会問題化したが、女性労働者はそれよりもずっと早くから、非正規雇用問題に直面していた。しかし既婚女性＝被扶養者として、女性の非正規雇用問題は無視され続けた。その土壌のうえに、経済環境の大変化が起きて、男

性若年労働者の非正規雇用問題が発生したのである。

　パートタイマーは、既婚女性が個人的に仕事と家庭の調和をはかるために選択しているが、決してパートタイマーの労働条件に満足しているわけではない。賃金の安さに対する不満の強さは、その証左である。つまり現在のパートタイマーは、望ましい就業形態として自発的に選択されているのではなく、個人的に仕事と家庭の調和を図るために、労働時間の短さを優先して、劣悪な雇用の質には我慢してやむなく選択しているのである。

　女性労働者の雇用の質の悪さは正規社員でも同様で、女性正社員は相変わらず男性正社員と一線を画されている。仕事の配置、教育訓練、昇進・昇格、賃金など、まだまだ男女で開きがある。女性管理職の少なさに端的に示されるとおりである。先進国のなかで異例の状況である。

　国連の「女性に対するあらゆる形態の差別撤廃条約」は、雇用の男女平等について、雇用の機会や処遇の平等とともに、母性差別の禁止・母性保護・両立支援サービスの充実なども併せた広義の男女平等政策を要請している。それに照応して、ILO は 1981 年に「家族的責任条約・勧告」を成立させて、家族的責任と仕事が両立する社会的条件整備を要請している。EU では、パートタイマーとフルタイマーの均等待遇や、無期雇用労働者と有期雇用労働者の均等待遇、派遣労働者と派遣先労働者の均等待遇を、加盟国に義務づけている。

　このような現代の雇用平等政策に照らしたとき、日本の現状は、労働力の女性化が量的には実現して既婚者・有配偶者も含めて就業率が上昇したが、女性労働者の過半数を非正規雇用者に囲い、低賃金と有期雇用という劣悪な労働条件を押しつけ、生活不安に追い込んでいる。また「短期勤続」というかつての女性労働の特徴が、すでに過去のものになっているにも関わらず、女性正社員でさえ、男性正社員と同等な雇用機会が保障されていない。

　性別役割分業や女性の就業のしかたに関する社会意識の変化に合わせ、またそれを促進するために、広義の雇用平等政策の積極的展開が求められている。「女性の活躍推進」のかけ声のもとに、労働力不足対策として女性の職場進出が促進されるのではなく、非正規雇用の正規雇用との均等待遇を実現して、雇用の質を保障したパートタイマー（派遣労働者、契約社員なども）

の実現をめざすとともに、女性正社員にも男性正社員との雇用平等を保障・促進することが求められる。

女性雇用のM字型を脱して逆U字型への転換が見え始めた今、日本の女性労働に求められるのは、雇用の男女平等の実現であり、そのためのポジティブ・アクションや均等待遇政策の積極的推進である。また子育て・介護と仕事の両立支援策の充実により、母親労働者に犠牲を強いる働き方から、男女が協力して育児・介護に当たれる働き方への転換も求められる。

労働時間規制を適用除外する高度プロフェッショナル制度や過労死を容認するような「労働時間規制」は、雇用の男女平等に逆行するものである。また同一価値労働同一賃金も、恣意的な認定基準を適用して実質否定するような欺瞞的活用は否定されなければならない。今、日本は、本当に雇用における男女平等を実現するための岐路に立っていると思われる。真に雇用の男女平等の進展につながる労働政策・社会政策が求められる。

本書は、日本の戦後の女性労働を概観し、労働力の女性化の光と影を検証するものである。労働力の女性化によりもたらされた女性労働の変貌・発展はすさまじいが、同時に今なお問題点・課題を抱えたままでもある。この両面を的確に把握してこそ、異例に男女平等度の低い日本の現状を変革することができると考えられる。

第1章では、女性労働の変貌を、その諸指標から分析する。欧米先進国にほぼ並ぶまでになった急激な女性労働者の増加、女性労働者の中心の若年未婚者から中高年既婚者への交代、共働き世帯の急増と主流化、短期勤続からの脱却と男性とほぼ同等の高学歴化、そして女性雇用のM字型の解消まであと一歩と迫った実態を描写する。

第2章では、女性労働変貌の要因を、企業側（労働力需要側）と女性側（労働力供給側）から解明する。まず企業側（労働力需要側）の要因としては、経済発展の時期によって異なるが、高度経済成長期の若年労働力不足対策、1970年代以降の第3次産業（とくにサービス業と卸売・小売業）の発展、低成長期の減量経営と経済のグローバル化に伴う人件費の節約と非正規労働力の活用、「均等法」の成立と改正、高齢化に伴う医療・福祉需要の拡大などである。

「均等法」の成立と改正は、女性の高学歴化とも相まって、女性労働者に一定の職域の拡大と専門職や管理職の増加をもたらした。しかしそれ以上に企業から要求されたことは、パートタイマーや派遣労働者の非正規労働者としての活用であった。高度経済成長の終焉とともに始まる「減量経営」や、90年代のグローバル化時代のリストラ（リストラクチュアリング）は、人件費の節約を躊躇なく大々的に行うようになった。低成長期以降、女性労働者の増加が男性労働者の増加を上回るようになり、その差は、1990年代以降拡大し、リーマン・ショック以降はさらに顕著に拡大した。女性労働者の劇的拡大は、非正規雇用化と裏腹であった。

他方、女性の側の要因は、日本の生活様式の変化と豊かな生活の実現という経済的理由、家事・育児様式の大変化による女性のライフスタイルの変化（家事・育児労働の軽減とその時間の生活課題のための有効活用）、そして女性の男女平等意識の変化による女性の社会参加意欲の向上などがあげられる。

第3〜第5章は、労働力の女性化の影を直視し、女性労働の問題点と課題を分析する。それは、女性労働者の職業的地位の低さ、すなわち雇用の男女平等度の低さである。第3章では、それを象徴的に示す男女別賃金格差の実態を明らかにする。男女別賃金格差は、文字どおりの男女別賃金格差と、雇用形態や就業形態（労働時間）に隠された男女別賃金格差もある。このような重層的な男女別賃金格差の実態を明示する。また他の先進国の男女別賃金格差と比較し、日本の異常ともいえる大きな男女別賃金格差を指摘する。さらに、日本の男女別賃金格差を形成する構造的要因についてもふれておきたい。

第4〜第5章は、男女別賃金格差の直接的・労働市場的要因について取り扱う。男女別賃金格差を形成する構造的要因とともに、その枠組みのもとで、直接的に男女別賃金格差を形成する要因である。それは性別職務分離と非正規雇用（雇用形態別格差）である。

まず第4章では、性別職務分離の実態とその解消策について述べる。女性と男性は、異なる職業に従事することが多く、男女が従事している主要な職業とその変化について紹介する。この性別職務分離には、水平的職務分離（仕事の種類や分野が異なる）と垂直的職務分離（担当する仕事の専門性や責任・

権限が異なる）があり、国際的にみて、とくに垂直的職務分離が厳しいこと
を明らかにする。そして性別職務分離が形成される原因とその解消策および
先進国の取り組みについても紹介する。

　第5章では、女性労働者の過半数が従事する非正規労働者について述べる。
そのなかでも女性が従事することが多いのがパートタイマーである。パート
タイマーの労働条件の実態を紹介するとともに、そこへ誘導する税制・社会
保障制度である「103万円の壁」にもふれる。そしてパートタイマーの雇用・
労働条件の是正策の国際標準である「均等待遇」と日本の基準である「均衡
処遇」を比較しながら紹介する。

　また派遣労働者についても、「労働者派遣法」の成立とその後の法改正の
推移や、最新の法改正の内容にふれる。最後に、2012年に改正された「労
働契約法」について、有期雇用契約労働者の権利保障に関わる3つのルール
についてふれておきたい。

　女性労働者の職業的地位の引き上げ、雇用の男女平等の実現のためには、
性別職務分離の解消策としての「ポジティブ・アクション」や、女性の職業
や仕事の公正・公平な評価のための「同一価値労働・同一賃金」、非正規労
働者の雇用・労働条件の改善策としての「均等待遇」が重要である。また低
賃金労働者の賃金引き上げに欠かせないのが、最低賃金制である。さらに子
育て支援の社会的環境を充実させることも、女性が安心して長く働けるため
に必要不可欠である。これらの取り組みが積極的に行われることによって、
女性労働の質を改善し、女性労働者に真に自由な雇用の選択を実現すること
が可能となる。

　ILO第1号条約（1日の労働時間の規制）すらまだ批准していない日本で、
さらに労働時間規制の緩和を進めた日本の経営者や政治に対峙している今、
「女性の活躍推進」のムードや甘言に惑わされず、女性労働者の要求を経営
者や政治に強く求めていく力と運動が求められているといえよう。

　2018年12月

川東　英子

続 ジェンダー労働論
──労働力の女性化の光と影──
*
もくじ

はしがき　1

第1章　女性労働の変貌とその諸指標

1．労働力のフェミニゼーション
　　──戦後の先進国共通の現象と日本の特徴　14

2．女性雇用者（労働者）の激増　18
　①　女性雇用者数の推移　18
　②　雇用者増加数の男女比較　19
　③　女性比率　22

3．女性労働者像（女性労働者の構成）の変化　23
　①　年齢　23
　②　配偶関係　25
　③　共働きの増加　25

4．女性労働者の資質の向上　31
　①　勤続年数の伸長　31
　②　高学歴化　33
　③　女性雇用のM字型　34

第2章　女性労働の変貌の要因

1．労働力需要側＝企業側の要因　48
　①　高度経済成長期（1955〜1973年）　48
　②　低成長期（1974〜1985年）　51
　③　バブル期（1986〜1991年）　56
　④　バブル不況と1990年代不況期（1991〜2002年）　60

⑤ 景気回復期（2002 ～ 2008 年）　69

⑥ 大不況期（2008 ～ 2012 年）　75

⑦ アベノミクス期（2012 年～）　82

2. 労働力供給側＝女性労働者側の要因　93

① 生活様式の高度化と生活費の上昇　93

② 家事・育児労働の軽減による時間的余裕　96

③ 女性の社会参加・職場進出意欲の高まり　98

第3章　男女別賃金格差
──女性労働者の職業的地位

1. 男女別賃金格差の実態
──国際比較からみた異常な低さ　102

① 「毎月勤労統計調査」からみた男女別賃金格差
──フルタイマーとパートタイマーを合わせた場合　103

② 「賃金構造基本統計調査」からみた男女別賃金格差
── 一般労働者の場合　105

2. 雇用形態別・就業形態（労働時間）別賃金格差　106

① 雇用形態別賃金格差　106

② 就業形態（労働時間）別賃金格差と重層的賃金格差　107

3. 男女別賃金格差の国際比較　110

4. 男女別賃金格差の構造的原因　113

① 男性正社員中心の雇用管理　113

② 女性再就職者は非正規　114

③ 性別役割分業と仕事と家庭の両立の難しさ　114

④ 低い最低賃金　115

第4章　性別職務分離の現状と解消策

1．女性の職業と男性の職業　118
① 女性の職業　118
② 男性の職業　125

2．2つの性別職務分離と国際比較　128
① 水平的職務分離　129
② 垂直的職務分離　130
③ 性別職務分離の国際比較　133

3．性別職務分離の原因と解消策　137
①性別職務分離の原因　137
②性別職務分離の解消・改善策　141

第5章　非正規労働者

1．非正規労働者　153
① 定義と特徴　153
② 非正規労働者の増加の背景　154

2．パートタイマー
　　——非正規労働者の典型　156

① 定義とパートタイマー数　156
② 労働条件——労働時間と賃金など　157
③ 「パート103万円の壁」について　161
④ パートタイマーの雇用・労働条件の是正について　163

3．派遣労働者　169
① 定義と派遣労働の問題点　169

② 「労働者派遣法」の成立とその後の推移　170

③ 2015年改正「労働者派遣法」　171

4.「労働契約法」
　──2012年改正の有期労働契約に関する3つのルール　173

おわりに：日本の女性労働の課題
　──長期勤続・仕事と家庭の両立・均等待遇の実現　177

参考文献　179

あとがき　183

装幀　市川美野里

凡　例

1．本書では、性別について、原則として女性・男性を使用する。ただし、参考・引用文献や慣例などとの関係上、女子・男子をそのまま使用している場合もある。同様の理由で、婦人と女性を併用している箇所もある。

2．年号については、原則西暦で表記するが、各章および各節の初出は、西暦と元号を併記している〈例：1985（昭和60）年〉。

3．法律の名称および条文については、初出は正式名称、次回からは略称で記載する（「雇用の分野における男女の均等な機会及び待遇の確保等に関する法律」→「均等法」、「労働基準法」第4条→「労基法」4条など）。

4．「コース別雇用管理制度」・「男女別コース制」などの用語については、初出、用語説明などは「　　」つきで表記、それ以外は削除している。

第 1 章

女性労働の変貌とその諸指標

1．労働力のフェミニゼーション
——戦後の先進国共通の現象と日本の特徴

労働力人口・就業者・雇用者

　第2次世界大戦後、先進国に共通してみられる女性労働の変貌は、「労働力のフェミニゼーション」（労働力の女性化）と呼ばれている。女性の経済活動への参加が飛躍的に拡大し、女性労働力人口や女性雇用者（労働者）が激増し、両者の女性割合が上昇した。

　労働力人口とは、15歳以上人口のうち経済活動に関わる者のことであり、経済活動に従事しない者は非労働力人口という（表Ⅰ-1-1参照）。非労働力人口は、女性の場合、専業主婦を筆頭に、アルバイトをしていない学生・生徒や高齢者などが含まれる。一方、労働力人口は、現在仕事に従事している就業者と、失業している完全失業者に分かれる。完全失業者は女性の場合、2016（平成28）年現在、82万人（男性126万人、男女合計では208万人）、失業率2.8％（男性3.3％、男女合計3.1％）と、ピークは下回ったが、依然高水準である。

　就業者は従業上の地位により、雇用者、自営業主、家族従業者に区分される。雇用者とは、他人に雇われている者であり、労働者がほとんどであるが、役員（経営者的役割の雇用者）も若干含まれる。自営業主は、自ら工場や事業所をもち生産や商売をする者であり、大オーナー資本家も含まれるが、多

表Ⅰ-1-1　15歳以上人口の就業状況別構成

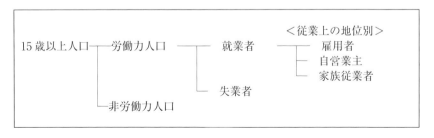

第1章　女性労働の変貌とその諸指標　　15

くは中小ないし零細業者で生業的経営者も多い。家族従業者とは、自営業主
である父などとともに仕事に従事する家族の働き手のことである。

労働力の女性化

　労働力の女性化とは、女性労働力人口や女性雇用者が増加し、それと並行
して総数に占める女性の割合（女性比率）が増加することを指している。一
般に先進国ではそのような特徴がみられる。

　しかし日本の場合は、若干異なる特徴をみせている。雇用者は激増したが、
労働力人口の増加は、雇用者の増加に比し緩やかである。労働力人口ももち
ろん大幅な増加ではあるが、雇用者ほどの急激な増加がみられないのである。

　まず、日本の女性労働力人口についてみてみよう（表Ⅰ－1－2参照）。
1960（昭和35）年の1838万人が、その後の10年間で200万人ほど増加し、
高度経済成長末期の1970年に2024万人となった。1975年にはオイルショッ
クの影響で40万人弱減少した（1987万人）が、その後1991年までの16年
間で660万人強も大幅に増加し2651万人となった。その後の25年間でも
200万人強（232万人）増加して、2016年には2883万人に達して過去最高
となっている。

　増加の勢いが時期により異なるが、ともあれ、1960～2016年の56年間

表Ⅰ－1－2　日本の女性労働に関する統計

	労働力人口	労働力率	労働力人口の女性比率	雇用者	雇用者の労働力人口に占める割合	雇用者の女性比率
1960年	1,838万人	54.5%	40.7%	738万人	40.2%	31.1%
1970年	2,024万人	49.9%	39.3%	1,096万人	54.2%	33.2%
1975年	1,987万人	▲45.7%	37.3%	1,167万人	58.7%	32.0%
1991年	2,651万人	50.7%	40.8%	1,918万人	72.4%	38.3%
2010年	2,768万人	48.5%	42.0%	2,329万人	84.1%	42.6%
2015年	2,842万人	49.6%	43.1%	2,474万人	87.1%	43.9%
2016年	2,883万人	50.3%	43.4%	2,531万人	87.8%	44.2%

資料出所：総務省「労働力調査」より作成。
注）労働力率＝労働力人口÷15歳以上人口×100　1975年の▲はボトムを意味している。

で 1045 万人増加し、1.57 倍となった。あとでみる雇用者の増加と比較すると明らかに小さく、1.57 倍の増加にとどまっているというほうが正確である。

しかも労働力率（労働力人口の 15 歳以上人口に占める割合）は、1960 年のほうが 2016 年より 4.2 ポイントも高い。労働力率は 1960 年には 5 割を超えていた（54.5%）。その後 1975 年までは低下し（45.7%、ボトム）、のち回復したが、2016 年でも約半分（50.3%）である。ただし生産年齢人口（15 ～ 64 歳）に限定すると、68.1% である。高齢化の進展により、労働力率を低める影響を受けるであろうが、他の先進諸国の労働力率は 52 ～ 61%[1] であり、日本よりも高い。

また労働力人口に占める女性の割合（女性比率）も、目立った上昇はみられない。1960 年（40.7%）から 1975 年（37.3%、ボトム）まで低下したのち回復しているが、2016 年でも 43.4% であり、1960 年に比べ若干（2.7 ポイント）の増加にとどまっている。

このように経済活動に関与する女性は、2016 年現在でも半分程度で、1960 年水準を下回っており、女性比率もわずかな増加で、顕著な変化はみられない。

それに対し、雇用者については、雇用者数も激増し、雇用者の女性比率も大幅に上昇している。女性雇用者数は、1960 年の 738 万人が、1975 年に 1167 万人、1991 年に 1918 万人、2016 年に 2531 万人と激増し、56 年間で 1793 万人増加し、3.4 倍となった。

このような雇用者の激増の過程で、女性の働き方は大きく変化した。高度経済成長期以降の工業化の進展で、家族従業者が大幅に減少し、1960 年代末以降は雇用者が働く者の中心となった[2]。雇用者の労働力人口に占める割合は、1975 年には 6 割弱、1991 年には 7 割強と増加し、2016 年現在では 87.8% と圧倒的である。いまや女性が働くといえば雇用者として働くことを意味しているといっても過言ではない。

---

1) 2015 年の主要国の女性の労働力率は、イタリア（39.8% と例外的に低い）を除くと、フランスの 51.6% からカナダの 61.2%、スウェーデンの 61.3% の間にあり、多くは 50% 台後半である（『女性労働の分析 2016 年』225 ページ）。
2) 女性雇用者は、1960 年には家族従業者よりも少なかったが、1965 年には上回っており、1960 年代後半には就業者のなかで過半数となった。

それに伴い雇用者の女性比率も上昇し、1960 ～ 70 年代の 3 割強が、1991年には 4 割近く（38.3％）となり、2016 年には 4 割強（44.2％）と史上最高である。56 年間で 13.1 ポイント上昇した。

　このように、日本の労働力の女性化は、雇用者では顕著にみられるが、労働力人口ではそれほど目立った変化とはいえない。他の先進国では、労働力人口でも雇用者でも同様の顕著な変化がみられたのとは事情が異なっている。では何故そのような異なる特徴がみられるのか。

　それは日本では、1960 年当時、女性の働き方として、家族従業者が大きな割合（43.4％ 就業者に占める割合、以下同じ）を占めており、雇用者（40.2％）よりも多かったという事情がある。高度経済成長がまだ始まったばかりで、農業従事者が多く、女性は結婚後も農家の嫁として農作業に従事する家族従業者が多かったのである。そのため、当時は世界的にみても日本の女性の労働力率が高かったのである。

　しかしその後の工業化の進展により、家族従業者の割合は急減し、1980年までには半減（22.9％）、2000 年には 10％程度、2016 年には 4.4％となっている。かつては既婚女性が、家族従業者として生産活動に参加できていたことが、女性の労働力人口や労働力率を高める要因であったのである。

　加えて、日本では現在、子育て期の女性を中心に、就業を希望していても働くことのできない女性がたくさんいることも、女性の労働力率の上昇を抑制する要因となっている。もしこれらの女性が、希望どおり働けるようになるとすれば、日本の女性労働力人口は、雇用者とともにさらに大幅に増加するであろうし、労働力率も上昇するであろう。

　ともあれ、日本でも、戦後女性雇用者が激増し、女性が大量に職場進出した。女性の働き方は、家族従業者中心から雇用者中心へと変化した。それが、男女関係や家族のあり方に大きな変化をもたらし、職場や社会の働き方にも大きな影響をおよぼしてきた。女性の経済力の上昇は、女性に自信と自由を与え、生き方の変化をもたらした。このように戦後の女性労働の歴史には、発展ともいえるポジティブな側面が含まれている。

　しかしながらそれとともに、今なお女性の雇用の質の問題、ひいては女性

雇用者の社会的地位の低さという点で、ネガティブな側面・課題も残されている。

　以下では、まずポジティブな側面をたどり、続いてネガティブな側面（第3章以降）をみていくことにする。

2．女性雇用者（労働者）の激増

　これからみていく女性労働は、戦後激増し、働く女性の圧倒的多数を占めるにいたった雇用者（労働者）[3]を対象とする。その女性労働の変貌には、女性雇用者（労働者）数の増大、女性雇用者の構成の激変（女性労働者像の変化）、雇用者としての資質の向上という3点があげられる。まず女性雇用者（労働者）数の増加からみていこう。

① 女性雇用者数の推移

　日本の女性雇用者数は、高度経済成長が開始して5年後の1960（昭和35）年には738万人であったが、1967年には初めて1000万人の大台に乗り、高度経済成長が終焉した1973年には1187万人を数えた（1975年には1167万人）。その後の低成長の約10年で400万人近く増加し、1985年には1548万人となった。バブルが終了する1991（平成3）年には1918万人とさらに大幅に増加し、2年後の1993年に初めて2000万人を突破した（2009万人）。2002年（2161万人）から2008年（2312万人）は、戦後最長の景気回復期にも関わらず、増加は151万人にとどまった。その後のアベノミクス期に雇用が増加し、2016年現在2531万人と史上最高を記録している。

　女性雇用者の増加は、1960～1973年に449万人、1973～1985年に361

---

3) 2016年の「労働力調査」によると、女性「雇用者」は2531万人、女性の「役員を除く雇用者」は2446万人である。両者の差の85万人が「役員」であり、全体に占める割合は3.4%である。つまり雇用者の96.6%は「労働者」である。以後とくに指摘がない限り、雇用者と労働者は同じ意味で使用している。

万人、1985 〜 1991 年に 370 万人に対し、1991 〜 2002 年に 243 万人、2002 〜 2008 年に 151 万人、2008 〜 2016 年に 219 万人である。このように女性雇用者数は、1990 年代から増加スピードが落ちてきているが、それでもほぼ一貫して増加基調にあり、過去最高を更新し続けている。

　それに対し、男性雇用者は、1997 年以降増減を繰り返しながら減少傾向にある。男性雇用者数のピークは、1997 年の 3264 万人である。その後 2004 年にかけて 100 万人以上減少し 3152 万人となった。2008 年にかけて半分強回復した（3212 万人）が、リーマン・ショックによる大不況でまた大幅に減少し、2010 年には再びほぼ 2004 年水準の 3133 万人にまで落ち込んだ。その後また回復し、2016 年にはほぼ 2008 年の水準である 3197 万人にもどっている。

　このように 1990 年代末以降、女性雇用者数は相変わらず増加しているのに対し、男性雇用者数は大幅な増減を繰り返しながら減少傾向にある。つまり女性雇用者数の動向と男性雇用者数の動向はまったく異なっているのである。

② 雇用者増加数の男女比較

　1990 年代末以降の男女の雇用動向がまったく異なるように、同じ時代・同じ景気状況下であっても、雇用動向は性によって異なっている。実は戦後の雇用動向も同様であって、男女で増加傾向に大きな違いがみられる。

　戦後の日本の経済発展は、次のように時期区分できる。1955（昭和 30） 〜 1973 年の高度経済成長期（ただし、ここでは便宜上 1960 〜 1973 年でみる）、1974 〜 1985 年の低成長期、1986 〜 1991（平成 3）年のバブル期、1991 〜 2002 年の 1990 年代不況期、2002 〜 2008 年の景気回復期、そして 2008 〜 2012 年の大不況期、2012 年以降のアベノミクス期である。

　これらの各時期は、高度経済成長期のように長い時期もあれば、バブル期のようにわずか 5 年と短い時期もある。そこで各時期の雇用増加のスピードを同一基準で比較するために、ここでは "10 年換算" をして、各時期が仮に 10 年続いたとした場合の増加数で比較する。

高度経済成長期には、女性雇用者が急増（345万人、ただし1960～1973年）したが、男性雇用者の増加は女性の2倍近く（1.7倍　597万人）、男性雇用者のすさまじい増加ぶりが顕著に示されている（表Ⅰ－2－1参照）。

ところが低成長期になると、女性は、高度経済成長期とほぼ同じ増加（343万人）であったのに対し、男性は高度経済成長期の約半分に低下（295万人）したため、女性の増加数が男性のそれを上回り、増加数で逆転した。1980年代は女性の時代といわれたが、雇用の増加傾向にも背景があったのである。

次のバブル期には、女性の増加（668万人）は、猛烈にスピードを上げ（低成長期の約2倍）、男性の増加も、ほぼ高度経済成長期並みに回復した（578万人）。しかし男性の増加は、女性よりも少なく、増加数の逆転はこの時期も継続した。このように1970年代後半から、雇用の増加数は、女性が男性を上回るように変化したのである。

表Ⅰ－2－1　経済発展の時期区分別男女別雇用増加数　　（単位：万人）

経済発展の時期区分	実数			10年換算増加数		
	女性	男性	男女差	女性	男性	男女差
高度経済成長期 （1960～1973年）	448	776	△328	345	597	△252
低成長期 （1974～1985年）	377	324	53	343	295	48
バブル期 （1986～1991年）	334	289	45	668	578	90
90年代不況期 （1991～2002年）	243	86	157	221	78	143
景気回復期 （2002～2008年）	151	42	109	252	70	182
大不況期 （2008～2012年） （※2008～2010年）	45 17	△64 △79	109 96	113 85	△160 △395	273 480
アベノミクス期 （2012～2016年）	174	49	125	435	123	312

注）「男女差」は「女性－男性」であり、△はマイナスと減少を意味している。

第1章　女性労働の変貌とその諸指標　　21

　この傾向は 1990 年代以降も継続し、かつその差が拡大している。1990 年代不況期は、雇用の増加テンポが男女とも大幅に低下した。女性の場合、バブル期に比し約 3 分の 1 （221 万人）となった。ところが男性の場合は、バブル期の 7 分の 1 （78 万人）と極端に低下した。男性の雇用増加は女性のそれの 3 分の 1 であり、男女差は際立っている。1990 年代不況期が、男性雇用者により厳しかったことがわかる。

　2002 年からの景気回復期には女性は増加テンポがアップしたが、男性は前期を下回った。女性の 1990 年代不況期を上回る増加（252 万人）に対し、男性は、1990 年代不況期も含め、過去のどの時期よりも少なくなった[4]。その結果、増加数は、男女間で引き続き大きな開きがみられる。

　2008 年以降の大不況期は、とりわけ男性にとり、1990 年代不況期以上に厳しい雇用状況となった。2008 ～ 2012 年に、女性は雇用が増加した（113 万人）が、男性は大幅に減少（△ 160 万人）した。とくに 2008 ～ 2010 年は厳しく、女性は増加（85 万人）したのに対し、男性はきわめて大幅な減少（△ 395 万人）となっている。リーマン・ショックを契機とした大不況は、とりわけ男性の雇用にきわめて厳しい影響をもたらしたことがわかる。

　このように大不況期は、女性の場合は、増加テンポが前期に比し半減しても増加を維持したのに対し、男性は高度経済成長期以降初めての大幅な減少となった。その結果、男女の雇用増加数の開きは、前 2 期と比べ、さらにいちだんと大きくなったのである。

　2012 年以降のアベノミクス期は、男女とも雇用増加に転じた。女性の雇用増加は大きく、高度経済成長期や低成長期を上回り、バブル期に次ぐ戦後 2 番目に大きい増加（435 万人）となっている。男性も、ようやく増加に転じたものの、増加数の男女差は過去最大となり、大不況期をも上回った。

　以上、戦後の経済発展の時期区分ごとに男女の雇用増加スピードを比較してきたが、それにより明らかになったことは次の通りである。高度経済成長期が圧倒的に男性中心の雇用増加であったのに対し、1970 年代後半以降、

———————————
4) もし 2002 ～ 2007 年に限定すれば、男性の増加数は 90 年代不況期を上回る（10 年換算で 112 万人）が、2008 年に減少（3226 万人 → 3212 万人）したため、過去最低の増加数となった。

女性の雇用増加が男性を上回るように転換し、以後その傾向が続いている。しかも、全体として雇用増加テンポが低下した 1990 年代以降、その差が拡大した。とりわけ 2008 年以降は、雇用増加の男女差がいちだんと拡大して、女性中心の雇用増加となっている。

　なお、各時期の雇用増加スピードを比較すると、順位は次のとおりである。女性の場合、バブル期が突出して最大であり、アベノミクス期がそれに続いている。10 年換算で約 400 ～ 600 万人強と大幅に増加した時期である。次いで多いのが高度経済成長期と低成長期である。低成長期は、高度経済成長期とほぼ同じ増加スピードであった。景気回復期と 1990 年代不況期は大幅に低下し、大不況期は極端に少なかった。

　それに対し男性の場合は、高度経済成長期が最大で、バブル期がほぼ同水準であり、大幅に増加した時期である。低成長期は、高度経済成長期に比し半減しているが、それでも 1990 年代以降に比べると大きい。しかし 1990 年代以降の増加は大幅にダウンしている。アベノミクス期でようやく回復してきたが、1990 年代不況期、景気回復期はともに増加がきわめて小幅である（年間 10 万人以下）。さらに、大不況期は、唯一大幅な減少であり、かつてなく厳しい時期であったことを示している。

　以上みてきたように、同じ時代・同じ景気状況が男女に同様の雇用動向をもたらす側面もあるが、それ以上に男女で雇用増加の事情が大きく異なっていることに注目する必要がある [5]。

③ 女性比率

　女性比率とは雇用者総数に占める女性の割合のことであり、2000（平成 12）年以降 40％台に上昇している。1960（昭和 35）～ 1975 年には 3 割強と低かった（表 I - 1 - 2 参照 ）が、70 年代後半から②の「雇用者増加数の男女比較」でみたような男女の雇用増加ペースの逆転により、上昇した。1985 年に 36％、1990 年代に 38 ～ 39％、2000 年に 40％と上昇し、2016 年

5）雇用動向の男女の違いの実情については、「第 2 章 女性労働の変貌の要因」の「1. 労働力需要側 = 企業側の要因」にて説明する。

は 44.2% で、史上最高となった。

とはいえ、諸外国と比べると、まだ一定の開きがある。半分近くを占めるフランス（48.3%）、スウェーデン（47.7%）、カナダ（47.5%）を筆頭に、ノルウェー（47.2%）、オーストリア（47.1%）、デンマーク（46.9%）、アメリカ（46.8%）、イギリス（46.7%）、ドイツ（46.6%）、オランダ・オーストラリア（ともに46.1%）など40%台後半（46 〜 48%）の高い水準である（以上の数値は2015年。2008年より大半の国でやや低下）。

とくにフランス、スウェーデン、カナダの数値は、女性の就業者は男性のそれの9割以上であるということであり、男女差がきわめて小さいことがわかる。同様にノルウェーからオランダ・オーストラリアまでの国々でも、女性は男性の86 〜 89%であり、男女差はやはり小さい。それに対し日本は、雇用者の女性比率が上昇してきてはいるが、女性は男性の8割弱（79.2%）である。男女数はかなり接近してきたといえるが、それでも他の先進国に比べるとまだ少し少ないのが現状である。

3．女性労働者像（女性労働者の構成）の変化

女性労働者が急増するにつれて、女性労働者の構成は大きく変化した。1960年代には若年・未婚が中心（若年未婚型）であったが、1970年代半ばから中高年・既婚が中心（中高年既婚型）へ変化した。女性労働者像も大きく様変わりしている。

① 年齢

2016（平成28）年の女性一般労働者の平均年齢は40.7歳である。一般労働者というのは、1年以上雇用が継続している者のうちパートタイマーを除いた労働者のことである。同じく一般男性労働者の平均年齢が43.0歳であるから、年齢の男女差は2.3歳差と小さい。

一般労働者のうち、正社員・正職員の平均年齢がやや若く39.5歳に対し、

正社員・正職員以外は 44.3 歳となっている（ちなみに男性の場合も、それぞれ、42.2 歳、48.7 歳で、正社員・正職員のほうが若い）。このように、現在では、男女労働者とも平均年齢は 40 歳代前半で、男女差も小さくなっている。

しかし女性の平均年齢は、過去はもっと若く、男女差も大きく開いていた。例えば 1960（昭和 35）年の女性労働者の平均年齢は、26.3 歳と若く、男女差は 6.5 歳（男性の平均年齢 32.8 歳）であった。1980 年になると、女性労働者の平均年齢は大幅にアップし 34.8 歳となり、男女差も 3 歳差にまで縮小した（男性の平均年齢は 37.8 歳）。このように、女性労働者の平均年齢は、戦後の経済発展とともに大幅に上昇し、男女差も縮小した。

1960 年の女性労働者の平均年齢が若いのは、1960 年代の女性労働者は 30 歳未満の若年層が中心であり、それが全体のほぼ 3 分の 2（63%）を占めていたからである。まさしく学卒後結婚前の若年者が女性労働者の中心であった。しかし現在では、若者の割合は 19.4%（2016 年）、5 人に 1 人弱にまで激減している。

それに対し、1970 年代後半から急増したのが 35 歳以上層である。1980 年には過半数（53.1%）を占めるようになり、その後も増加し続け、2016 年には 7 割強（71.5%）にまで増大している。

女性労働者の年齢構成は、40 歳代がもっとも多く（25.8%）、続く 50 歳代（20.3%）、30 歳代（19.8%）、15 〜 29 歳（19.4%）が、ほぼ 20% で拮抗している。また 5 歳間隔の年齢階級別雇用者数の構成比でみると、最大の年齢階級は 40 〜 44 歳（13.1%）であり、次いで 45 〜 49 歳（12.7%）、50 〜 54 歳（10.9%）、35 〜 39 歳（10.4%）と続き、25 〜 29 歳（9.6%）は、30 〜 34 歳、55 〜 59 歳とともにようやく第 5 位である。

このように、かつて 30 歳未満の若年者が中心であった女性労働者は、いまや 35 〜 54 歳の壮・中年層を中心とする膨大な女性労働者層に変貌したのである。

② 配偶関係

　女性労働者の配偶関係をみてみると、1960 年代は未婚者中心であり、1962（昭和 37）年には未婚者が過半（55.2%）を占めていた。その後この割合は急減し、1985 年以降 30 〜 34% で安定していた。しかし 2015（平成 27）年には初めて 30% を割り、2016 年も 29.3% である。

　それに対し 1975 年以降増加したのが有配偶者、つまり現在婚姻関係にあり夫のいる女性である。1975 年には過半（51%）を占め、その後 6 割弱に上昇している。1985 年は 59.2% と最高を記録したが、2016（平成 28）年は 58.3% である。

　また死別・離別者がほぼ 1 割程度いて、1988 〜 1989 年には 9.0% であったが、2016 年には 11.6% と若干増加している。

　したがって、この死別・離別者を有配偶者に加えた既婚者が約 7 割となる。女性労働者の配偶関係は、有配偶者を中心に既婚者が、未婚者を圧倒している。

③ 共働きの増加

有配偶者の就業状況

　女性雇用者の年齢が上昇して 35 歳以上層が中心であり、かつ有配偶者が約 6 割ということは、共働きが多いことを意味している。事実、1980 年代から、日本では共働きが片働き（夫のみ働き妻は専業主婦）を上回るようになった。

　有配偶者の就業状況をみると、1960 年代初頭には労働力人口が非労働力人口を上回っていたが、高度経済成長の進展につれ専業主婦化が進行し、非労働力人口が労働力人口を上回るようになった。しかしその後既婚女性の職場進出が進むようになると、1983（昭和 58）年には労働力人口が非労働力人口を上回った。戦後女性は結婚すれば専業主婦となることが浸透し規範化したが、それがようやく打ち破られたのである。女性は結婚していても、働

く「兼業主婦」が主流に転換した。

　この状況はその後長く続いたが、2000（平成 12）年には逆転した。高齢化の進展や、女性の就業機会の多かった家族従業者の減少などのためである。しかし 2013 年には、景気動向や家計の状況などのため、再度逆転し、労働力人口が非労働力人口を上回った[6]。

　したがって、一時的に逆転はあるものの、1980 年代から有配偶者は共働きが主流であったといえよう。

典型的一般世帯の就業状況

　次に、典型的一般世帯の就業状況[7]から、共働きの状況をみてみよう。典型的一般世帯とは、一般世帯のうち、夫婦のみの世帯、夫婦と親からなる世帯、夫婦と子どもからなる世帯、夫婦と子どもと親からなる世帯をいう。

〈就業者世帯〉

　まず就業者ベース（雇用者＋家族従業者＋自営業者）でみてみると、1980 年代から共働き世帯が片働き世帯を上回るようになった。その差は、1990 年代には 260 〜 270 万世帯（1990 年 263 万世帯、2000 年 274 万世帯）であったが、2010 年には 421 万世帯へと大幅に拡大した。2016 年には共働き世帯が 1389 万世帯、48.4 ％（典型的一般世帯総数に占める割合　以下同じ）となり、片働き世帯（745 万世帯、26.0 ％）を 644 万世帯（22.4 ポイント）とさらに大きく上回り、1.9 倍となっている。

　なお片働き世帯には、妻が働き、夫が働いていないタイプも増加している。2016 年には 117 万世帯、4.1 ％を数え、1990 年（61 万世帯、2.3 ％）の約 2 倍（1.9 倍）となっている。また高齢化の進展を反映し、夫婦とも働いていない非就業世帯も増加している。2016 年には 619 万世帯、21.6 ％に上っており、5 世帯に 1 世帯強の割合である。1990 年（244 万世帯、9.2 ％）の 2

---

6) 2016 年の有配偶者の労働力率は 52.4 ％であり、就業者の割合は 51.4 ％である。

7) 「妻と夫の就業状態別世帯数及び割合（典型的一般世帯）」『女性労働の分析 2016 年』151 ページ。原典は総務省「労働力調査特別調査」（1985 〜 2000 年、各年 2 月）、総務省「労働力調査（詳細集計）」（2003 〜 2016 年）より、厚生労働省雇用均等・児童家庭局作成。

倍以上の増加（世帯数で 2.5 倍、構成比で 2.3 倍）となっている。

〈雇用者世帯〉

次に、このうちの雇用者世帯だけをみてみよう。雇用者世帯とは世帯主が雇用者である世帯のことである。雇用者世帯では、就業者世帯ベースから約10年遅れて、1992年から共働き世帯が片働き世帯を上回っている（ただし1995～1996年を除く）。1995～1996年には一時的に片働き世帯が共働き世帯を再逆転したものの、1997年からまた共働き世帯が片働き世帯を上回っている。1995～1996年を例外と考えれば、1990年代初頭より共働きが一般化したといえる。

図Ⅰ－3－1共働き等世帯数の推移によると、1980年には片働き世帯数

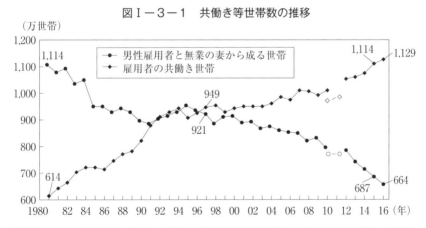

図Ⅰ－3－1　共働き等世帯数の推移

（備考）1. 1980年から2001年までは総務庁「労働力調査特別調査」（各年2月。ただし、1980年から82年は各年3月）、2002年以降は総務省「労働力調査（詳細集計）」より作成。「労働力調査特別調査」と「労働力調査（詳細集計）」とでは、調査方法、調査月等が相違することから、時系列比較には注意を要する。
2. 「男性雇用者と無業の妻から成る世帯」とは、夫が非農林業雇用者で、妻が非就業者（非労働力人口及び完全失業者）の世帯。
3. 「雇用者の共働き世帯」とは、夫婦ともに非農林業雇用者（非正規の職員・従業員を含む）の世帯。
4. 2010年および2011年の値（白抜き表示）は、岩手県、宮城県及び福島県を除く全国の結果。

資料出所：『男女共同参画白書』（2017年版）75ページ。

が共働き世帯数を圧倒的に上回っていたが、1980年代に減少し、1990年代に接近して逆転され、2000年代以降その差が拡大していることがわかる。共働きと片働きの差は、2000年にはまだわずか1ポイントであったが、その後拡大しており、とくに2010年以降拡大テンポが加速している（2005年4.3ポイント、2010年7.4ポイント、2016年16.2ポイント）。

　2016年には共働き世帯が1129万世帯、39.3％に対し、片働き世帯が664万世帯、23.1％である。共働きが片働きを大幅に上回り（465万世帯、16.2ポイント）、1.7倍になっている。1980年とは、まさに真逆の関係である。

〈子どものいる雇用者世帯〉
　次に子どものいる雇用者世帯をみていこう。

　2016年の場合、子どものいる雇用者世帯のうち共働き世帯は771万世帯であり、典型的一般世帯の子どものいる世帯総数（1579万世帯）に対しては48.8％と約半分を占めている。それに対し、片働き世帯は430万世帯、27.2％である。共働き世帯が片働き世帯を大幅に（341万世帯、21.6ポイント）上回り、片働き世帯の1.8倍となっている。

　片働き世帯（夫）は、1985年には、762万世帯で子どものいる世帯総数の4割近く（39.3％）を占め、共働き世帯（576万世帯、29.7％）を大幅に上回っていた（世帯数で186万世帯、構成比で9.6ポイント）。しかし、長期的に減少傾向にあり、子どものいる世帯総数に占める割合は、1990年、2000年ともに30％台半ば（36.5％）、2014年以降30％を下回った（2016年27.2％）。この間、共働き世帯は逆に上昇を続け、1997年以降片働き世帯を上回っている[8]。その後も、共働き世帯の割合は上昇し（2000年37.5％、2005年39.8％、2013年45.0％、2016年48.8％）、2016年には片働き世帯との差は20ポイント以上にまで拡大した。先にみた雇用者世帯の動向と同じである。

8）1994年には子どものいる共働き雇用者世帯（37.9％）が、子どものいる片働き世帯（37.1％）を上回ったが、1995〜96年は逆転されている。

第 1 章　女性労働の変貌とその諸指標　29

表Ⅰ－3－1　　子どもの有無別・親の就業状況別雇用者世帯（2016 年）

	雇用者世帯 1,898 万世帯(100％)	うち子ども有世帯 1,243 万世帯(65.5％)	うち子ども無世帯 655 万世帯（34.5％）
①共働き世帯	1,129 万世帯(59.5％)	771 万世帯（40.6％）	358 万世帯（18.9％）
②片働き世帯（夫）	664 万世帯（35.0％）	430 万世帯（22.7％）	234 万世帯（12.3％）
③片働き世帯（妻）	105 万世帯　（5.5％）	42 万世帯（2.2％）	63 万世帯（3.3％）
④母親就業世帯 　（①＋③）	1,234 万世帯(65.0％)	813 万世帯（42.8％）	421 万世帯（22.2％）

注：子どものいる世帯総数に対して占める割合は、子どものいる共働き世帯が 48.8％、子どものい
　る片働き世帯（夫）が 27.2％、子どものいる片働き世帯（妻）が 2.7％である。
資料：「妻と夫の就業状態別世帯数及び割合（典型的一般世帯）」『女性労働の分析　2016 年』151
　ページより作成。
原典：総務省「労働力調査（詳細集計）」（2005 ～ 2016 年、年平均）より、厚生労働省雇用均等・
　児童家庭局作成。

〈子どもの有無別・親の就業状況別雇用者世帯〉

　最後に、2016 年の雇用者世帯を、「子どもの有無」別「親の就業状況」別
に分類してみると表Ⅰ－3－1のとおりである。世帯数が最大なのは、子ど
ものいる共働き世帯（771 万世帯）であり、雇用者世帯総数（1898 万世帯）
に対して約 4 割（40.6％）を占めている。次に多いのが子どものいる片働き
世帯（430 万世帯）であり、雇用者世帯総数の 2 割強（22.7％）である。子
どものいない共働き世帯（358 万世帯、雇用者世帯総数比 18.9％）や、子ど
ものいない片働き世帯（234 万世帯、12.3％）とは相当開きがある。

　ちなみに非雇用者の就業者世帯についても、同様に分類すれば、いずれの
世帯数もかなり少ない。子どものいる共働き世帯が 151 万世帯、子どものい
ない共働き世帯が 89 万世帯であり、子どものいない片働き世帯が 78 万世帯、
子どものいる片働き世帯が 40 万世帯である。

　このように、2016 年現在、子どものいる共働き雇用者世帯が、他の類型
の世帯を圧倒していることは、明白である。

　なお母親が働いて子育てしている雇用者世帯は、子どものいる世帯のうち
共働き世帯と母親が働く片働き世帯との合計であり、813 万世帯である。ま
た、母親が働いて子育てしている就業者世帯は、965 万世帯である。これら

の世帯が子どものいる世帯総数（1579万世帯）に占める割合は、それぞれ半分（51.5％）、約6割（61.1％）にもおよんでいる。

　日本の女性は子育てのために職業を一時中断する傾向が強く、母親は専業主婦というイメージがある。しかし実は、現代の母親は、働きながら子育てする人のほうが多く、わけても子育てしながら夫婦共働きというのが現代の主流なのである。

　ところで、政府は、税制や年金制度のモデル世帯として「標準世帯」という概念を使用している。この標準世帯とは、夫婦と子ども2人からなり、夫のみ有業の世帯のことを指している。雇用者の片働き世帯のなかで、この標準世帯に該当するのは、そのうちの一部である。したがって、標準世帯は、子どものいる共働き雇用者世帯よりも、かなり少ないということになる。つまり、「標準世帯」は、もはや標準世帯としての実態を備えていないということである[9]。

　戦後の高度経済成長期以降1980年代までは、夫のみ働く片働き世帯が主流であった。また1970年代半ばまでは、合計特殊出生率が2を維持していた。その意味でその時までは、夫婦と子ども2人の片働き世帯は、日本の家族の「標準」であった。しかし、少なくとも1990年代末以降、子どものいる片働き雇用者世帯は少数派に転落し、代わりに、子どものいる共働き雇用者世帯が主流になっている。政府がいう「標準世帯」はすでに崩壊し、代わって現代の標準世帯になりつつあるのが、子どものいる共働き雇用者世帯であるといえよう。

　以上みてきたように、日本では、1980年代以降、就業者ベースで共働きが一般化し、働く主婦＝兼業主婦の時代に突入した。1990年代からは雇用者世帯だけでも共働きが主流となった。2000年以降、とくに2010年以降その差が拡大し、2016年現在、共働き雇用者世帯（1129万）が片働き雇用者世帯（夫）（664万）の1.7倍と大幅に上回り、1980年とはちょうど真逆の

9）就業者でみても、子どものいる世帯で夫のみ働く片働き世帯は470万世帯であるのに対し、共働き世帯は918万世帯であり、標準世帯は、共働き世帯よりもはるかに少ないことがわかる。

関係になっている。そのうち子どものいる世帯でも、共働き世帯（771万）が片働き世帯（夫）（430万）の1.8倍と大幅に上回っている。

つまり現在は、就業者世帯や雇用者世帯のなかで、子育てしながら共働きをする雇用者世帯が最大の世帯であり、子どものいる片働き雇用者世帯（夫）をはじめ他のさまざまな世帯類型を圧倒している[10]。子育てする片働き世帯は少数派に転落し、いわゆる標準世帯は、すでにその実を失っている。

4．女性労働者の資質の向上

女性労働者の変貌の第3の指標は、資質の大幅な向上である。女性労働者は、職場に長く定着して働くようになり、職業意欲や職業能力の向上がみてとれる。学歴の上昇は職業人としての基礎能力や専門的能力の上昇を意味しており、この両者があいまって女性労働者の資質の向上をもたらし、女性労働者の職域の拡大をもたらしたといえよう。

① 勤続年数の伸長

日本の女性労働者の平均勤続年数[11]は、2016（平成28）年には9.3年（一般労働者）である。これまで女性労働者の特徴として「短勤続」があげられてきたし、事実1960年代の平均勤続年数は3～4年であった。しかしその後着実に伸張し、1980年代には6～7年、1990年代には7～8年となり、現在はさらに伸びて約9年となった。正社員・正職員だけをとれば、10.1年と10年を超えている。このように、現在、女性一般労働者はもはや短勤続ではなく、ほぼ定着するようになっている（ただし正社員・正職員以外の場合は6.7年にとどまっている）。

---

10) 現在、「妻も夫もともに非就業者」の世帯が急増しており、2016年は619万世帯に達している。これは、子どものいる共働き雇用者世帯（771万世帯）より少ないが、子どものいる片働き雇用者世帯（夫）（430万世帯）より多くなっている。

11) 厚生労働省「賃金構造基本統計調査」各年による。

それに対し男性の平均勤続年数は 2016 年で 13.3 年であり、男女差は 4 年、女性の平均勤続年数は男性のそれの 7 割弱（69.9%）にとどまっている。まだ男女間に一定の開きがみられるのも事実である。

　女性の勤続年数の伸長は、勤続年数階級別労働者構成比をみれば、さらに明らかである。勤続 3 ～ 4 年以下の短勤続は大幅に減少しており、2016 年には 42.7%（正社員だけだと 39.0%）にまで低下した。1975（昭和 50）年 61.6%、1980 年 55.7%、1985 年 53.3%、1990 年でも 51.3% を占めていたことと比べれば、大幅に減少したことがわかる。

　勤続 10 年以上は「定着層」と呼ばれる。1 社に 10 年働き続けてきた人は、今後も働き続けるであろうと予測されるからである。この勤続 10 年以上層が、2016 年現在は 34.5%、3 分の 1 強を占めている（正社員は 38.1%）。

　この定着層は、1977 年にはわずか 15.6% しかいなかったが、1980 年に約 2 割（19.1%）、1985 年からは約 4 分の 1 に増加し、2000 年（32.7%）からは約 3 分の 1 の水準を維持している。女性労働者 3 人に 1 人強が 10 年以上勤続するまでになったのである。着実に女性労働者の職場定着が進行した。ちなみに、40 歳以上の各年齢層では、平均勤続年数が 10 年を超えている（10.6 ～ 21.5 年）。

　ただし男性の場合は、勤続 10 年以上は半分（49.8%）を占めている。35 歳以上層では平均勤続年数が 10 年を超えており、女性より早く 10 年になる。

　さらに勤続 20 年以上のベテラン層も形成されつつある。勤続 20 年以上層が初めて 10% に達したのは 1996 年であるが、それ以来 10% 強を維持している。2016 年は 13.4%（正社員・正職員では 15.9%）となっている。

　それに対し、男性の場合、勤続 20 年以上は 3 割弱（26.7%）であり、50 歳代では、平均で 20 年を超えている。女性との差は歴然としている。

　このように、男性労働者と比べると、平均勤続年数でも、定着層やベテラン層の厚みでも、まだまだ大きな開きがあるものの、女性労働者の勤続年数の伸張は顕著である。勤続 10 年以上は、1980 年代後半の「4 人に 1 人」から 2000 年代以降「3 人に 1 人」へ増加した。また、勤続 20 年以上のベテラン層も、1990 年代後半から 1 割強となってきた。女性労働者のなかに、長期勤続層が着実に、一定堆積している。

② 高学歴化

　女性労働者の資質向上のもう 1 つの指標として、学歴の上昇があげられる [12]。女性の新規学卒者（学校を卒業してすぐ就職した人のこと）の学歴構成をみると、1960 ～ 1980 年代は高卒者が中心であり、5 ～ 6 割を占めていた。例えば 1985（昭和 60）年の場合、高卒 57.0％、短大卒 25.1％、4 年制大卒 12.7％であった。

　ところが、1990 年代になると、広義の大卒者（短大卒＋ 4 年制大卒）が高卒者を上回り、中心を占めるようになった。初めて逆転したのは 1993（平成 5）年であった（短大卒 32.6％、4 年制大卒 18.5％、合わせて 51.1％に対し、高卒 47.0％）。高卒者は、1985 年からわずか 8 年で 10 ポイント減少した。

　さらに 1999 年以降は、広義の大卒者のなかの中心が、短大卒から 4 年制大卒へと移行した（短大卒のピークは 1995 年の 33.8％）。そして、わずか 7 年後の 2006 年には 4 年制大卒者が全体の 50％を超えた。学歴の上昇傾向はその後も続き、2016 年には、4 年制大卒が 3 分の 2 弱（63.8％）も占め、短大卒 12.9％、高卒 23.1％となっている。

　このように、男女雇用機会均等法の成立を受けて、1990 年代から始まる学歴の上昇は急激であった。女性の新規学卒者の中心は、1993 年からは広義の大卒者、1999 年からは 4 年制大卒者に移行し、いまや 4 年制大卒者が 3 分の 2 を占めるまでにいたったのである。

　男性の場合は、2016 年現在、4 年制大卒者が 63.6％、高卒が 34.5％、短大卒が 1.1％である。4 年制大卒者の割合は、男女で同じであり、差は大幅に縮小した。男性の大学進学率は、女性に先行して 1970 年代に上昇をみせたが、女性の場合も 1990 年代から上昇し、格差が縮小したのである。こうして新規学卒者では、いまや男女とも 4 年制大学卒がトップとなり、約 3 分の 2 を占めている。

　新規学卒者の学歴の上昇は急激であるが、全労働者の学歴別構成では、今

12）文部科学省「学校基本調査」各年による。

なお中高卒者が最大である。女性の場合、中高卒が半分弱（46.5%）、短大卒が3割弱（28.6%）であり、4年制大卒・大学院卒は2割弱（19.6%）にとどまっている。男性の場合も、中高卒が最大で半分弱（47.6%）であるが、4年制大卒・大学院卒は3分の1強（36.7%）を占めている。4年制大卒・大学院卒の割合は、男性は女性の約2倍であり、まだまだ大きな開きがある。ただし短大卒を合わせると、男女ほぼ同じ割合（女性48.2%、男性47.5%）である（以上の数値は2016年）。

③ 女性雇用のM字型

女性雇用のM字型とその変化

女性労働者の勤続年数の著しい伸長や高学歴化など資質の向上は顕著であるが、今なお越えられない大きな壁が"女性雇用のM字型"である。女性雇用のM字型とは、年齢階級別労働力率のグラフが、英語のMの字に似ているので、そのように呼ばれている。

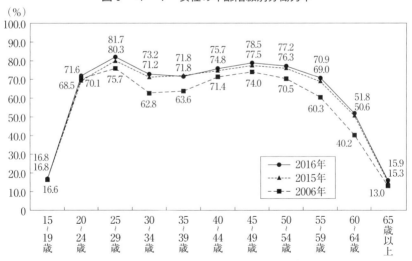

図Ⅰ-4-1　女性の年齢階級別労働力率

資料出所：総務省「労働力調査」(2006, 2015, 2016年)

女性労働者の年齢階級別労働力率は、20歳代後半で第1のピーク（81.7％、2015〈平成27〉年に初の80％台）を迎え、30歳代に大幅に減少し（71.8〜73.2％）、その後40歳代以降上昇して40歳代後半で第2のピーク（78.5％）となるが、50歳代後半から再度減少していく（以上の数値は2016年　図Ⅰ－4－1参照）。この形は男性の逆U字型と異なり、女性雇用に特有のものである。逆U字型というのは、若くして就職すると、そのまま続けて長く働き、高齢になり初めて退職するので、年齢階級別労働力率はU字の逆となる。

　　女性雇用のM字型は、女性労働者が、妊娠・出産・育児で職業を中断することが多いということを示している。他の先進国でも、かつては女性雇用のM字型や馬の背型[13]がみられたが、次第に変化し、今では逆U字型になっている国が多い。男性と同様の形となったのである。しかし日本では、いまだ逆U字型には移行せず、M字型が続いている。

　　日本で女性雇用のM字型が成立したのは高度経済成長期である[14]。戦前は馬の背型であったが、戦後次第に変化した。1965（昭和40）年のM字型は、第1のピークが20歳代前半（69.7％）、20歳代後半（46.5％）〜30歳代前半（48.0％）がボトム、30歳代後半から上昇して40歳代（62.1〜62.6％）で第2のピークとなった（図Ⅰ－4－2参照）。

　　現在のM字型は以前と同じではなく、大きな変化がみられる。まず全体的に労働力率が上昇しており、とくに20歳代後半や30歳代前半では大幅に上昇した。1965年〜2015年までの50年間で、20歳代後半は33.8ポイント、30歳代前半は23.2ポイントも上昇した。この年代の労働力率上昇には、1980年から始まる未婚化・晩婚化の影響が大きく、20歳代後半の女性労働者の中心は既婚者から未婚者に入れ替わった[15]。30歳代前半においても、未婚者の割合が大幅に増加した。

　　また第1のピークが、かつては20歳代前半（2001年まで）であったが、

13）馬の背型とは、年齢階級別労働力率が、若年時は高いが、結婚・出産時期に急減し、その後同水準を維持して、高齢になると再度減少する形のことを指し、馬の背に似ているので、そのように呼ばれている。

14）内閣府『男女共同参画白書』（2016年版）6〜7ページ。

15）武石恵美子「女性の就業構造」武石恵美子編著『女性の働きかた』ミネルヴァ書房、2009年。23〜25ページ。

図Ⅰ-4-2 女性の労働力率の変化

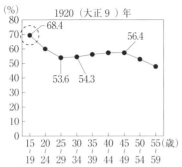

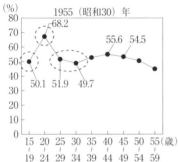

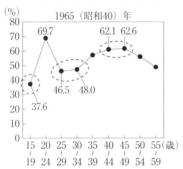

(備考) 1. 総務省統計局「国勢調査」より作成。
2. 1920年については有業率。
3. 1920年定義の「主人の世帯にある家事使用人」は、年齢別に按分し「有業者」に含めた。
4. 1955年、65年については、1%抽出集計結果による。

資料出所:『男女共同参画白書』(2016年版) 7ページ。

2002年以降20歳代後半に移動している。さらにボトムも20歳代後半から30歳代前半へ、そして2008年以降30歳代後半へと移動したが、2015年には30歳代前半に逆戻りした。ピークの年齢変動は、未婚化の影響によるものであり、ボトムの年齢変動も、晩婚化・晩産化の影響によるものである。

M字型になる理由 その1：女性の就業に関する意識

女性雇用がM字型となるには理由がある。その1つは女性の就業に関する意識である。かつては「家庭優先型」や「職業中断型」に支持が集まっていた。「家庭優先型」とは女性は仕事をしないほうがいいとか、仕事をする場合は結婚や出産までという考えであり、女性は結婚や出産後は家庭を優先して仕事は辞めるべきという考えである。1960年代までは支持が多かった。

「職業中断型」は、結婚・出産・育児などで一時仕事を辞め、子育てが一段落したあとで再就職するのがよいという考えであ

る。1970 ～ 1980 年代は圧倒的に高い支持を得ていた。しかし 1990 年代に入り減少した。

　代わって 1990 年代から支持が急増し出すのが「職業継続型」である。これは結婚・出産・育児に関係なく、ずっと働き続けるのがよいという考えである。2000 年代に入ると、「職業継続型」の支持がもっとも高くなり、次いで「職業中断型」となり、「家庭優先型」を支持する人は一部となった。

　ちなみに 2009 年の内閣府調査によると、女性の支持率は「職業継続型」47.5％、「職業中断型」34.2％、「家庭優先型」12.9％である。未婚者ではそれぞれ 49.3％、32.5％、13.3％でほぼ同じであり、「職業継続型」の支持はむしろ若干高くなっている。男性は、それぞれ 44.0％、27.9％、20.0％であり、「家庭優先型」に女性の倍近い支持があるものの、傾向は基本的に女性と同様である。このように女性の就業に関する意識では、男女とも、従来とは大きな変化がみられるようになってきた。

　女性の就業に関する意識は、時代とともに変化してきたが、1970 ～ 1990年代にかけては、「職業中断型」が男女とも高い支持を得ていた。女性の就業スタイルに対するこのような社会意識の存在が、女性に対し、結婚・出産・育児で一時仕事を中断するという選択を、当然のごとく取らせてきた要因であったといえよう。

理由その 2：根強い性別役割分業観

　とはいえ、2000 年代に入り、女性の就業に関する意識は大きく変化し、男女とも「職業継続型」の支持が最大となり、約半分を占めるにいたった。社会意識は、明らかに「職業継続型」にシフトし、これが主流になったのである。

　しかし現実には、女性の働き方は、今なお「職業中断型」が最多であり、希望と現実は乖離している。それは日本では、性別役割分業（観）が根強く、男性はもとより、女性も“子育ては自分の手で”と考える人が多いからである。

　性別役割分業観とは、「男は仕事、女は家事・育児をするのがよい」という考え方である。1979 年の調査では、男女とも賛成派が圧倒的であった（女

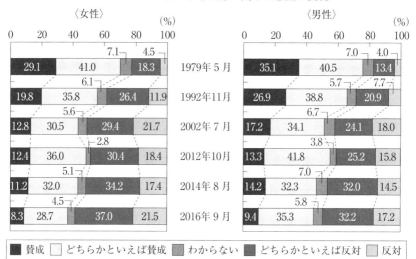

図Ⅰ-4-3 「夫は外で働き、妻は家庭を守るべきである」という考え方に関する意識の変化

(備考) 1. 内閣府「婦人に関する世論調査」(1979年)、「男女平等に関する世論調査」(1992年)、「男女共同参画社会に関する世論調査」(2002年、2012年、2016年)および「女性の活躍推進に関する世論調査」(2014年)より作成。
2. 2014年以前の調査は20歳以上の者が対象。2016年の調査は、18歳以上の者が対象。

資料出所:『男女共同参画白書』(2017年版) 75ページ。

性70.1%、男性75.6%)。しかし女性は2000年ころより反対派が賛成派を上回るようになり、2009年には6割近くを占めた。男性はずっと賛成派が反対派を上回ってきたが、2009年に初めて反対派が賛成派を上回った。

ところが2012年の調査では、男女とも一時的に急変・逆行した。とはいえ、2014年の調査で、女性は反対派が過半数(51.6%)を占め、さらに2016年の調査で約6割(58.5%)に増加した。一方男性は、2014年に賛成・反対が同じ(いずれも46.5%)、2016年には反対派(49.4%)が賛成派(44.7%)を上回った。2009年に次ぎ2回目の変化である。

日本では長らく、性別役割分業観に賛成が社会意識であったが、2009年に次ぎ2016年にも男女とも反対派が賛成派を上回るという注目すべき変化がみられた。性別役割分業観に関する社会意識は、ようやく画期的転換を迎

えたといえよう。とはいえ、他の先進国では、反対派が8〜9割台であることと比べると、日本の性別役割分業観の変化は、まだまだこれからといえよう（図Ⅰ-4-3参照）。

またそのような社会意識に照応して、「子育ては自分の手で」と考える女性が多く、「3歳児神話」もまだまだ根強い。「3歳児神話」とは、子どもは3歳までは母親のもとでしっかりスキンシップをとって育てるのがよい、という考え方であり、戦後普及したものである。

白河桃子氏によると、若い女性の専業主婦願望の背景に、厳しい日本の職場からの逃避願望や、専業主婦の母親の子育てを自分もしたいという追従願望などがあるとのことである[16]。

根強い性別役割分業観と、それに呼応した「伝統的子育て観」が、女性の就業のしかたにも影響をおよぼし、「職業継続型」がようやくトップになったとはいえ、希望と現実の乖離をもたらしている。仕事と子育ての二律背反が、意識のうえでも、まだ十分に解消されていない段階にあるといえよう。

理由その3：仕事と子育ての両立の困難性

加えて日本特有の長時間労働など重い労働負担や働き方の柔軟性の欠如は、仕事と子育ての両立を困難にしている。さらに、性別役割分業観の根強さが、実際の家事・育児の分担を圧倒的に女性中心にしており、女性の仕事と家事・育児の両立の困難に拍車をかけている。

日本の労働時間は、パートタイマーの増加により全体としては短縮してきているが、フルタイマーの場合、所定内労働時間に加えて恒常的な残業により、相変わらず長時間労働である。3歳未満児を育てる労働者が利用できる短時間勤務制度は、1日の労働時間を8時間から6時間に短縮でき、子育て中の労働者を支援する重要な制度である。しかしこの制度を設けている事業所は6割弱（2015年）にとどまっている。またフレックスタイム制や在宅勤務は、柔軟な働き方のひとつであるが、制度の存在する事業所はわずかである。

16）白河桃子著『専業主婦になりたい女たち』ポプラ新書、2014年。

育児休業制度も普及してきたが、女性労働者の過半数を占める非正規労働者の場合、利用条件が厳しく、利用できないことが多い。また子育てしながら働くためには不可欠の保育所も、都会を中心に不足が続いている。さらに、そもそも妊娠・出産の時点で、職場のマタニティ・ハラスメントに遭うことも多い。

　このように、妊娠や出産をし、子育てをしながら働き続けようとする女性労働者をとりまく環境は厳しく、日本は子育てをしながら働く人を応援しようという優しさに欠けた社会といわざるを得ない。

　一方、家庭の環境をみても、女性・妻の負担が大きい状況である。日本の「6歳未満の子供を持つ夫の家事・育児関連時間」(1日当たり)は、全体で1時間7分、そのうち育児は39分である（図Ⅰ－4－4参照）。これは、家庭で行われる育児の3割、家事の2割（共働き世帯の場合、片働き世帯の場合は1割）にしかすぎない。つまり家庭の家事・育児の大半は妻がこなして

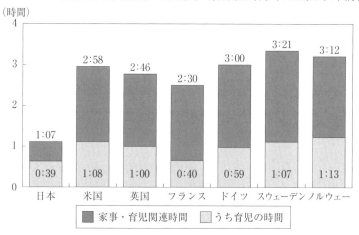

図Ⅰ－4－4　6歳未満の子供を持つ夫の家事・育児関連時間（1日当たり、国際比較）

（備考）1．総務省「社会生活基本調査」（2011年）、Bureau of Labor Statistics of the U.S. *American Time Use Survey*（2014）および Eurostat *How Europeans Spend Their Time Everyday Life of Women and Men*（2004）より作成。
　　　　2．日本の値は、「夫婦と子供の世帯」に限定した夫の1日当たりの「家事」、「介護・看護」、「育児」および「買い物」の合計時間（週全体平均）。
資料出所：『男女共同参画白書』（2016年版）9ページ。

おり、妻の負担の大きさ、夫婦の分担のアンバランスが明白である。

ちなみに、欧米先進国の6歳未満の子どもをもつ夫の家事・育児時間は、3時間前後、うち育児は1時間前後である。妻と夫の分担割合も、おおよそ3対2である。欧米先進国の家事・育児が、日本よりははるかに男女でバランスよく協力して行われていることが、明らかであろう。

このように、労働負担自体が重く、育児との両立のための環境も未整備であるうえに、家庭での家事・育児分担も重いのが、日本の女性労働者の置かれた厳しい現実である。そのため、女性が仕事と育児の両立に自信をもてないのもやむを得ないといえよう。その結果、仮に職業継続意欲が高くても、職業継続の希望と職業中断の現実に、相変わらず引き裂かれているのである。女性労働者が第1子出産を機に6割が退職してきたのは、このような事情が背景にある。

日本の女性は、ライフステージに応じた働き方の選択・変更により、働き続けることを希望している。具体的にいえば、未婚時や結婚しても子どもがいない時期はフルタイム、子どもが小さいときは短時間勤務や在宅勤務、子どもが小〜中学生になるとフルタイムに復帰という具合である。しかし現実には、出産後は子どもの年齢に関係なく、パート・アルバイトなどの非正規就業が多いし、再就職できていない人も多い[17]。

以上みたように、変化しつつもまだまだ根強い性別役割分業観、女性（妻）に圧倒的に偏る家事・育児分担、厳しい労働環境、不十分な保育所整備などが、「職業継続型」という働き方を、まだ十分に実現させない要因であるといえよう。男女がともに女性の働き方として「職業継続型」がよいと考えるようになったことや、性別役割分業観の反対派が主流になったことは大きな変化である。その社会意識が、現実に阻まれることなく実現するためには、阻害要因の除去が今後とも課題である。子育てしながら共働きをする雇用者世帯が、最大の世帯で中心的存在になった今、子育てしながら働く人に"優しい"社会の実現は、解決すべき喫緊の課題である。そしてこの課題が解決されれば、日本においても、ようやく女性雇用のM字型が解消される

---

17) 内閣府「女性のライフプランニング支援に関する調査」（2007年）（内閣府『男女共同参画白書』〈2011年版〉79ページより）。

のである。

他の先進国の事情と日本の近年の変化

日本ではなかなか女性雇用のM字型が解消できないでいるが、他の先進
国では次々とM字型から逆U字型へ移行している。世界でもっとも早く移
行したのはスウェーデンであり、1970年代のことである。スウェーデンは、
1960年代の黄金の成長期に女性の職場進出が進み、それと並行して保育所
の整備がなされたので、世界でもっとも早く逆U字型に移行した。

アメリカ、ノルウェーなども早く、1980年代から移行している。男性と
同様に、若くして働きだすと出産・子育て期でも労働力率は高く、年老いて
退職するころになって初めて減少しだすのである。

フランス、ドイツ、イギリスは1990年代から逆U字型に移行し、オラン
ダ、イタリアは2000年代に入ってようやく移行した。フランスやドイツは、
1980年代後半にはまだ馬の背型であった。オランダはヨーロッパのなかで
は性別役割分業が遅くまで残っていた国であり、女性の職場進出も遅かった
が、1982年のワッセナー合意[18]を契機に女性の職場進出が進んだ。今では
日本を追い抜いて、すでに逆U字型に移行した[19]。

これらの国では、6歳未満の子どものいる女性でも多くが就業しており、
スウェーデン、ノルウェー、ポルトガル、ベルギーでは7割以上、アメリカ、
オランダ、フィンランド、フランス、イギリスでは6割程度の女性が働いて
いる（以上の数値は1999年）。ちなみに日本は当時わずか3割強であり、欧
米先進国とは非常に大きな開きがあった。

しかし日本でも2000年代に入り急速に上昇した。表Ⅰ-4-1によると、
末子が4〜6歳の子どもをもつ母親の就業率は、非農林業雇用者で1999年

---

18) オランダは当時、国の経済が危機的な状況にあった。そこで、政府、経営者、
　労働組合の3者が話し合い、再建に合意した。賃金の引き上げの抑制とパート
　タイマーの促進による雇用の増加などを内容とするワッセナー合意が成立した。
　1990年代に奇跡の回復を遂げた。
19)「各国年齢階級別女性労働力率」内閣府『男女共同参画白書』（2007年版）
　20〜21ページ。矢島洋子「わが国の女性就業の特質」武石恵美子編著　前掲書、
　52〜53ページより。

第1章　女性労働の変貌とその諸指標　　43

表I－4－1　末子の年齢別子どものいる世帯における母親の就業状態

総数		末子の年齢						
		0～3歳	4～6歳	7～9歳	10～12歳	13～14歳	15～17歳	18歳以上
就業者								
1999 年	53.9%	29.4%	48.5%	60.3%	71.0%	68.6%	69.3%	56.4%
2000 年	53.7%	27.1%	46.8%	62.6%	66.7%	69.7%	73.4%	56.8%
2005 年	54.0%	32.1%	51.9%	60.5%	69.9%	70.8%	72.0%	54.0%
2010 年	55.7%	38.6%	54.5%	64.0%	71.2%	76.1%	73.2%	53.1%
2015 年	60.4%	48.9%	62.6%	71.7%	74.6%	76.4%	76.1%	54.2%
非農林業雇用者								
1999 年	42.7%	23.4%	38.5%	48.9%	60.0%	55.9%	58.1%	42.3%
2000 年	42.8%	22.0%	37.6%	52.4%	55.1%	57.8%	61.4%	42.9%
2005 年	45.9%	28.8%	45.9%	53.3%	62.9%	63.5%	64.3%	42.2%
2010 年	49.2%	35.2%	48.5%	58.7%	64.7%	68.2%	65.8%	44.6%
2015 年	54.8%	45.3%	57.7%	67.4%	69.4%	70.8%	71.1%	47.0%

資料出所：『女性労働の分析』（各年版）より作成。

には4割弱（38.5％）であったが、2005年には4割台半ば（45.6％）、2010年には5割弱（48.6％）とコンスタントに上昇した。その後、増加スピードをさらに上げて、2015年には6割弱（57.7％）にいたっている。

　就業者の場合は、その割合はさらに高く、1999年と2005年は5割前後であったのが、2010年には5割台半ば（54.5％）、2015年には6割強（62.6％）に上昇している。

　いずれにせよ、2000年以降、母親の就業率はコンスタントに上昇し、とくに2010年から2015年にかけての上昇率が目立って大きいことがわかる。

　このうち、これまでは「3歳児神話」の影響などで母親の就業率の低かった0～3歳児の子をもつ母親の就業率が、急上昇している。非農林業雇用者の場合、2000年には2割強（22.0％）ときわめて低かったものが、2015年には約倍増し、半分弱（45.3％）の母親が就業するまでに変化した。

　つまり、日本の母親は、2000年には、子どもが小学校に上がるころに約半分が非農林業雇用者として働くようになり、子どもが小学校高学年になる

と約 6 割に増加して、その後子どもが高等学校を卒業するまでほぼ同じ水準を維持していたが、2015 年には、子どもが 3 歳以下で約半分が働き、小学校に上がるまでに約 6 割に増加し、子どもが小学校に上がると約 7 割に増加して、その後子どもが高等学校を卒業するまでほぼ同じ水準を維持するというように変化した。2000 〜 2015 年の間に、母親の再就職は急速に早まり、高まったのである。

　母親の再就職の早期化に加え、職業継続も増加した。2010 〜 2014 年の第 1 子出産前有職者の出産後就業率は 53.1％と、初めて過半数を占めた。1985 年以来、長らく 40％程度にとどまってきたのを、大きく上回ったのである[20]。3 歳未満児を抱えていても、仕事をもつ母親が急増した。仕事と家事・育児の両立が困難な環境下でも、母親の就業意欲は高まっており、他の先進国の母親の就業率に急迫しているといえよう。その結果、女性の年齢階級別労働力率は、女性雇用のM字型を脱却できてはいないものの、逆U字型に接近するところまで上昇したのである。

　ところで、欧米先進国ではすでに（早い国で 1970 年代から、遅い国でも 2000 年代に入り）、小さな子どもを育てながら働くのは当たり前になっている。共通するのは、性別役割分業観が男女を問わず圧倒的多数により否定され、男女が協力してともに仕事と家庭の両立を図るのが当たり前になっていることである。そのために、労働時間の短縮や育児休暇、保育所、柔軟な雇用制度など仕事と家庭の調和を図る制度が整備・拡充されてきて、自由に活用できるようになっている。

　と同時に雇用の機会や処遇の平等も推進されており、女性が職場でその能力を生き生きと発揮し、高い地位に就く機会も整えられてきた。つまり、仕事と家庭の調和を図りながら、雇用の機会や処遇の平等も改善するという、「広義の雇用平等政策」[21] が進展してきたことが、女性の職場進出を促進し

────────────

20）第 1 子出産者全体（妊娠前から無職の人も含む）に占める職業継続者の割合は、1985 〜 1999 年までは約 24％、2000 〜 2009 年は約 27 〜 29％であったが、2010 〜 2014 年には 38.3％へ急増した（内閣府『男女共同参画白書』〈2017 年版〉76 ページ）。

21）雇用の男女平等といえば、雇用機会や処遇の男女平等のことを意味すると思われている。しかしこれ（狭義の雇用平等）が実現するためには、母性差別の

労働力率を上昇させてきたといえよう。

　欧米先進国の経験に学べば、日本でも、仕事と家庭の調和を図る制度や条件を整え、雇用の機会や処遇の平等を推進すれば、今働きたくても働けない女性たちが働けるようになり、性別役割分業観も克服できていくであろう。欧米先進国で雇用のM字型や馬の背型を逆U字型に変えた条件（要因）を日本でも整えることが、日本の女性の働き方の希望を実現する方法であり、雇用のM字型から逆U字型に移行していく道である。

禁止や母性保護、仕事と家庭の両立が欠かせない。女性差別撤廃条約は、この両方の必要性を指摘しており、雇用の男女平等とは、両方を含む「広義の雇用平等」として把握する必要がある。

第 2 章

女性労働の変貌の要因

1．労働力需要側 = 企業側の要因

第1章では女性労働の変貌の諸指標について述べてきたが、第2章では、なぜそのように変貌したのか、その要因について述べていこう。その要因には、女性労働者を必要とした企業側、すなわち労働力需要側の要因と、労働者として働くことを希望した女性側、すなわち労働力供給側の要因がある。まず労働力需要側である企業側の要因について述べよう。その際、必要に応じて政府の労働力政策にもふれることとする。

① 高度経済成長期（1955 ～ 1973 年）

労働力需要側である企業側の要因は、戦後の経済発展の時期によって異なっている。そこで、戦後の経済発展の時期区分に沿ってみていくことにする。

経済情勢

まず高度経済成長期であるが、この時期は世界の主要国が同時に順調な経済発展を遂げ、わけても日本は年平均経済成長率が10％という驚異的な拡大を続けた稀有な時期であった。リーディング産業は、のちに"重厚長大型産業"と呼ばれることとなった鉄鋼・造船・電気機械器具・自動車・石油精製＆化学であった。これらの業種の大企業は活発な設備投資を行い、新技術の導入に努めるとともに大規模工場の建設・拡張に邁進した。なおこれらの産業・業種は、圧倒的に男性の多い職場であった。

雇用情勢

足かけ19年にもおよぶ長い高度経済成長は、当然労働力需要も旺盛で、1960（昭和35）年～ 1970年の10年間に雇用者数は男女合計で約1000万人（2370 → 3306万人）増加した。企業のもっとも欲しい人材は、新規学卒者

であった。それは何といっても安い賃金で雇えるからであり、当時の年功序列賃金のもとでは、若者の賃金は中高年のそれの約3分の1[1]であった。加えて、技術革新への対応も柔軟で、新技術や知識の吸収に適応性が高かったためである。企業は安く雇った若者を、企業内教育訓練で熟練労働者に養成していったのである。

しかし高度経済成長が継続するうちに、企業の欲しい新規学卒者の採用が次第に困難になっていった。いわゆる若年労働力不足に直面することとなったのである。それはひとつには、高校への進学率が上昇し、従来の中卒者採用から高卒者採用に変更になったためである。これは技術革新の進む大企業の側の要請でもあった。加えて1950年からの出生率の低下は、若者の人口そのものを減少させた。

このような若年労働力不足に直面して、企業は、それまで"排除"してきた既婚女性の活用に転換するのである。当時の女性正社員は"若年・短期・未婚型"が特徴であり、新規学卒者として採用されても、結婚までの数年間働けば、寿退社するのが慣例であった。結婚してもまだ働き続けようとする女性に対しては、「結婚退職制」「出産退職制」などの新たな就業規則（雇用契約）を導入して辞めさせようとした企業もあった。

このような女性の働き方は、夫サラリーマン・妻専業主婦という戦後の近代家族の規範化と軌を一にしたものであり、このような家族形態が形成・維持されるなかでは、既婚女性労働者は少数派であり、場合によっては企業の雇用管理の妨害者とみなされたのである。

そのような企業が、若年労働力不足に直面し、その打開策として打ち出したのが、既婚女性の活用であった。政府も"女性の能力の有効活用"というキャッチフレーズで、既婚女性の職場進出を応援した。キャッチフレーズではいかにも女性を評価し、歓迎しているようにみえるが、その実、誰にでもできる簡単な仕事を若者なみ、あるいはそれ以下の安い賃金で働いてもらおうというねらいであった。

---

1) 例えば1972年の男性標準労働者（旧中・新高卒）の年齢階級別所定内給与額をみると、18〜19歳が11.1万円に対し、50〜54歳は36.9万円であり、前者は後者の30.1%である（『婦人労働の実情』〈1983年版〉50ページより）。

また既婚女性はあくまでも家庭責任（家事・育児）を果たすことが前提であり、性別役割分業を維持したまま職場進出することが求められた。家庭責任と労働者（労働力）という２つの役割を矛盾なく満たすために、フルタイマーより労働時間の短い"パートタイマー"という就業形態が導入された。日本におけるパートタイマーの登場は、1960年ごろとされている。当初は農家の家族従業者が中心であったが、次第に専業主婦がパートタイマーの供給源となっていった。主婦の職場進出は、当初扶養者である夫の甲斐性ともからみ抵抗があったが、次第に増加していった。

　その結果、未婚者中心であった女性労働者のなかに有配偶者の割合が高まっていき、1972年には両者の関係は逆転した。ちなみに、1962年には未婚者の割合が6割近く（59.4％）あり、有配偶者（29.3％）を圧倒したが、1970年までに差は縮小し（未婚者48.3％、有配偶者41.4％）、1972年には有配偶者（46.1％）が未婚者（43.4％）を上回った。1974年には有配偶者が50.0％となるなど1970年代の増加は急速であった。

　なお高度経済成長期の女性労働者の就業分野は、製造業が中心であった。1960年代は、女性雇用者の36％前後が製造業で就業し、第2位のサービス業（24％強）や第3位の卸売・小売業（23％強）を大きく引き離していた。ちなみに1970年の女性雇用者数は、製造業390万人、サービス業265万人、卸売・小売業257万人であった（表II－1－1参照）。

　高度経済成長期の女性労働者の中心は、若年・未婚者であった。しかし企業の若年労働力不足のため、政府の労働力政策に支援されながら、既婚女性のパートタイム就業が拡大していき、高度成長末期には、有配偶者が未婚者を上回った。既婚女性のパートタイマーは、男性正社員はもちろんのこと、女性正社員とも区別された周辺労働者と位置づけられ、賃金をはじめ諸手当や社会保険制度への加入など労働条件で不利益を被った。つまり高度成長期の女性労働者は、未婚者は正社員（男性正社員の補佐）、既婚者はパートタイマーの周辺労働者という位置づけであった。有配偶女性労働者の増加は、その後、戦後の近代家族（夫サラリーマン・妻専業主婦）を変容させていくことになる。

第2章　女性労働の変貌の要因　　51

表Ⅱ－1－1　産業別男女別雇用者数　　　（単位：万人、%）

			全産業	建設業	製造業	運輸・通信業	卸売・小売業、飲食店	金融・保険業、不動産業	サービス業
雇用者数	女性	1960 年	738	29	269	26	166		182
		1970 年	1096	45	390	40	257	57	265
		1975 年	1167	49	361	38	290	71	312
	男性	1960 年	1632	169	530	206	283		206
		1970 年	2210	260	754	271	353	64	294
		1975 年	2479	327	776	276	421	86	346
構成比	女性	1960 年	100.0	3.9	36.4	3.5	22.5		24.7
		1970 年	100.0	4.1	35.6	3.6	23.4	5.2	24.2
		1975 年	100.0	4.2	30.9	3.3	24.9	6.1	26.7
	男性	1960 年	100.0	10.4	32.5	12.6	17.3		12.6
		1970 年	100.0	11.8	34.1	12.3	16.0	2.9	13.3
		1975 年	100.0	13.2	31.3	11.1	17.0	3.5	14.0

資料出所：総務省統計局「労働力調査」より作成。

② 低成長期（1974 ～ 1985 年）

経済情勢

　高度経済成長は、1973（昭和 48）年秋の石油危機を契機に終焉し、1974 ～ 1975 年は世界同時不況に陥った。1979 ～ 1982 年は、1978 年の第2次石油危機を契機に、再度不況となった。1970 年代の景気は不安定で、先の見通しの立たない閉塞した時代となった。ガルブレイスは「不確実性の時代」と命名した。

　このような経済状況の大転換を受け、日本の産業も大きく2分されることとなった。ひとつは「構造不況業種」「衰退産業」と呼ばれた産業であり、その後長らく生産の低迷した造船・鉄鋼・石油精製・繊維・紙パルプなどである。

　もうひとつは海外輸出を梃子に生産を回復させた産業であり、自動車や電

機機械器具である。日米貿易摩擦を発生させた産業である。

減量経営

　20年近く続いた拡大基調から度重なる不況と低迷に経済が大きく転換するなかで、企業経営も"減量経営"が叫ばれ、急激に転換することとなった。経営資源である人・モノ・金のすべてをスリム化して生産縮小に対応しようとした。

　人（労働者）に関しては、あらゆる手段を使って整理・削減を行った。新入社員の採用手控え・定年退職者の不補充だけではなく、解雇、それも指名解雇も復活した。希望退職も活用された。希望退職とは、企業の経営悪化に直面し、この際退職してもいいという労働者を募集することである。本来労働者の自主判断に任される筋合いのものであるが、実際には募集基準が示され、強制されることも多かった。

　また大企業では出向が利用された。出向というのは、大企業の社員が会社命令で、取引関係のある他社で働くことである。若者は数年後にもどれるが、中高年の場合にはのちに"転籍"ということで、そのまま他社の社員に「身分変更」を迫られることもあった。

　モノとは企業の工場や生産設備・機械のことであり、古い設備は廃棄処分となり工場も整理統合された。それに伴い労働者の転勤や退職が強要された。

　金とは銀行からの借り入れた事業資金のことであり、生産の縮小に伴い重くなった金利負担を軽減するために、銀行に返済された。このようにすべての経営資源にわたり厳しいスリム化が徹底されたのである。

産業構造の変化

　1970年代は産業構造が転換し、第3次産業の割合が大きく高まり始めた時代であった。これを「経済のサービス化」と呼んだ。第3次産業とは、サービス業、卸売・小売業・飲食店、金融・保険・不動産業などを指す。

　経済のサービス化の特徴は、まず第1に、生産戦略として高付加価値化がめざされるようになり、高性能で個性的なモノづくりが志向されるようになった。高度経済成長期のモノ不足の時代には、大量生産したものを消費者

第2章　女性労働の変貌の要因　53

に安く大量販売するのが時代のニーズにあっていた（少品種大量生産）。しかしひと通りモノの行き渡った低成長期に、さらに消費を喚起するためには、より高度なモノづくりが必要となり、コンピュータを結合した作業機械で"多品種少量生産"に転換していった。そして世界で初めて多品種少量生産方式を創造したことで、日本は高い国際競争力を獲得したのである。

　第2は、コンピュータ化である。1970年代には発展する新技術である半導体が生産に実用化されるようになり、コンピュータ機器やＭＥ機器（作業機械に半導体を結合して自動化された機械）が製造工程で活用されるようになった。技術革新が世界でももっとも早く進行した。それに伴いソフトウェア産業が発生・発展し、さらには関連情報産業も急速に発展していった。

　第3に、第3次産業の新たな展開がみられたことである。「対事業所サービス業」では、新しくリース業が展開されるようになった。先ゆき不透明な時代となって、企業は事業で利用する機械・設備を、それまでの購入からリースに変更することも多くなった。労働者についても他社の従業員がリースされるようになった。人材供給業は戦後法律（「職業安定法」第44条）で禁止されていたにも関わらず、減量経営の手段として次第に広く利用されるようになっていった。

　また既婚女性の職場進出が進むなかで、育児・家事関連の産業も拡大していった。保育所や高齢者福祉施設のほか、ファストフード店、お弁当屋さん、ファミリーレストランなど新しい形態の外食産業が拡大していった。

雇用情勢

　このような厳しくかつ長びく不況のもとで減量経営と第3次産業化が展開したことが、女性雇用者にとくに大きな影響を与え、女性雇用者の急増と産業別分布の急変をもたらした。第3次産業とは、具体的には、サービス業、卸売・小売業、飲食店、金融・保険・不動産業などを指すが、これらの産業はもともと女性比率が高いという特徴があり、その意味で女性雇用者向けの産業であった。その産業・業種で拡大・発展をみたことが、女性雇用者の急増をもたらすこととなった。

　ちなみにサービス業の女性雇用者は、1973年の295万人から1985年には

464万人へ、12年間で169万人、1.57倍に増加し、全産業で最大の雇用増加をみた。その結果、サービス業は1979年に女性雇用者の就業分野で最大となり、それまで最大であった製造業を凌駕した。製造業の雇用者数は1985年で435万人、28.1％である。また卸売・小売業、飲食店の雇用増加も著しく（1985年408万人、26.4％）、1987年には製造業を凌駕した。このように低成長期に入り、女性雇用者の就業分野は、従来の製造業中心からサービス業や卸小売・飲食店など第3次産業分野へと、急速な移動が起きたのである（表II－1－2参照）[2]。

　ところで、第3次産業は、非正規従業員の割合の高いことも特徴である。サービス業では、客数は時間帯や曜日、季節などによって大きく変動する。経営効率のよい従業員配置にするためには、客数の変動に合わせた従業員数の調整が必要となり、その結果、パートタイマーなど特定の時間帯だけ作業する非正規従業員が利用されることとなる。

　この非正規従業員に女性が多いのは、仕事が簡単で無業者でも参入が容易ということもあるが、それ以上に収入が男性ほど多くなくてもよい存在とされていることがある。とくに既婚女性は男性である夫に扶養される「被扶養者」であるとされ、男性ほど稼ぐ必要性はないと思われている。また既婚女性のほうも、年収を103万円以下に抑えることによって、税制・社会保障制度面で負担軽減を図り、夫の収入増に貢献しようと考える人も多い。このような事情が、「減量経営」を進める企業にとっては、人件費の節約となり好都合な労働者ということになる。

　ちなみにこの時期の雇用の増加は、女性（380万人）が男性（287万人）を大幅に上回っているが、それは女性が臨時で大幅に増加したためであり、常用雇用に限れば男性のほうが多い（表II－1－3参照）。その結果、女性の常用雇用の割合は、この時期大幅に低下した（85.6％→80.8％）。

　とはいえ、女性の雇用増加数も、常用雇用（251万人）のほうが臨時（118

2）男性の場合も同様の変化が生じており、サービス業や卸売・小売業での雇用増加は製造業でのそれを上回った。とはいえ、製造業が男性雇用者の就業分野で最大であり、また建設業と合わせると4割以上を占めて、第2次産業中心の構成を維持していた。

第2章　女性労働の変貌の要因　　55

表Ⅱ−1−2　産業別男女別雇用者数　　（単位：万人、％）

			全産業	建設業	製造業	運輸・通信業	卸売・小売業、飲食店	金融・保険業、不動産業	サービス業
雇用者数	女性	1973 年	1186	49	404	43	350		295
		1985 年	1584	57	435	41	408	90	464
	男性	1973 年	2479	312	793	309	467		309
		1985 年	2764	357	800	283	504	109	476
構成比	女性	1973 年	100.0	4.2	34.1	3.3	29.5		24.9
		1985 年	100.0	3.7	28.1	2.6	26.4	5.8	30.0
	男性	1973 年	100.0	13.0	32.9	12.8	19.7		12.8
		1985 年	100.0	12.9	28.9	10.2	18.2	3.9	17.2

資料出所：総務省統計局「労働力調査」より作成。

表Ⅱ−1−3　1975 〜 1985 年の雇用増加の内訳

	女性	男性
合計	380 万人（1159 万人→ 1539 万人）	287 万人（2458 万人→ 2745 万人）
うち常雇	251 万人（992 万人→ 1243 万人）	268 万人（2336 万人→ 2604 万人）
うち臨時	118 万人（116 万人→ 234 万人）	25 万人　（58 万人→ 83 万人）
常用雇用の割合	△ 4.8 ポイント（85.6％→ 80.8％）	△ 0.1 ポイント（95.0％→ 94.9％）

資料：「雇用形態別雇用者数及び構成比の推移（非農林業）」労働省女性局編『1997 年版　働く女性
　　　の実情』付 30 より作成。
原典：総務省統計局「労働力調査」。

万人）を上回っており、女性雇用の増加も常用雇用中心であった。その意味
で、1990 年代から始まる男女を問わない本格的な非正規雇用化とは、特徴
を異にしている。つまりこの時期は、男女とも常用雇用を中心に増加しつつ
も、女性については臨時も大幅に増加し、それが男性を上回る増加をもたら
したのである。

　このように低成長期は、減量経営と第 3 次産業の拡大があいまって、女性
雇用者が男性雇用者を上回って増加し始める転換の時期となった。女性雇用
者は男性雇用者以上に急激な産業別就業分野の変化を被り、1979 年にはサー

ビス業従事者が、製造業従事者を凌駕した。次いで 1987 年には卸小売・飲食店従事者も、製造業従事者を凌駕した。と同時に女性雇用者は、これまで以上にパートタイマーなど非正規従業員として雇われることが多くなり、非正規従業員の割合が増加した。

つまり、この時期は、高度成長期に始まるパートタイマーの利用が、減量経営と産業構造の転換のもとでいっそう拡大し、女性労働者が、低賃金など雇用の質に問題をはらみながら、男性以上の量的拡大を遂げるように変化した転換期であった。

③ バブル期（1986 ～ 1991 年）

経済情勢

このバブル期は、自動車や半導体などをめぐる日米貿易摩擦が続き、かつもっとも厳しかった時代であり、アメリカの経済学者から「21 世紀は日本の世紀」ともてはやされた時代でもあった。

バブルのきっかけは、1985（昭和 60）年の G 5 によるプラザ合意であった。アメリカ経済の窮状（財政赤字と貿易赤字の双子の赤字）を救済するため、為替相場をドル安に誘導することが合意された。ドル安は円高を意味し、円高は日本の輸出にとって不利な条件である。しかも政府間合意以上の急激なスピードで為替相場が進行したため、輸出産業を中心に生産が減退し、日本は「円高不況」になってしまった。戦後の統計開始以来の高い失業率（1987年　2.8%）を計上した。

この打開策として、大型公共工事が大規模に展開され、東京を世界の金融・情報センターにする都市再開発や、全国各地でゴルフ場建設などのリゾート開発が行われた。その結果、土地・建物の不動産価格が急騰した。その状況をみて、不動産・建設会社や民間企業などの間で投機活動が活発化し、それが株価上昇、さらには証券投資を誘発し、活発化した。資産価値の上昇を背景に資産家を中心に個人消費も活発化し、「高額消費」[3] が時代の象徴と

---

3) 1 台 500 万円もする高級車が飛ぶように売れ、日本企業により名画（ゴッホの「ひまわり」）がオークションで史上最高値（53 億円）で競り落とされた。

第 2 章　女性労働の変貌の要因　　57

なった。消費の拡大を受け民間企業の近代化投資も積極化した。このように不況対策の大型公共工事から始まった経済の循環は、高度経済成長期を上回る経済成長を実現することとなった。

雇用情勢

　このような経済情勢を背景に雇用も一転して改善し、とくに女性にとっては「均等法」の成立によって歴史的な新時代に転換した。

　まず、雇用は、高度経済成長期以上に拡大し、民間企業による大学生の募集・採用は "青田刈り" と称される異常事態となった。経済拡大に見合う新入社員の確保のため、企業は競って、就職活動を開始する前の学生にまで接触し、多数の内定を出すありさまで、"超売り手市場" となった。

　バブル期には、製造業や建設業でも雇用が増加したが、サービス業や卸売・小売業での雇用増加には、大きくおよばなかった。その結果、1991（平成 3）年の産業別就業分野は、第 1 位がサービス業（595 万人、31.0％）で、第 2 位に卸売・小売業、飲食店（516 万人、26.9％）が入り、製造業（489万人、25.5％）は第 3 位に低下した。低成長期から始まった第 3 次産業分野の比重増加が継続し[4]、サービス業、卸売・小売業、飲食店、金融・保険、不動産業の雇用者数は、製造業、建設業の雇用者数の 2.2 倍となった（表 II－ 1 － 4 参照）。

　なお男性の場合は、第 1 位が製造業（868 万人、28.1％）で、第 2 位にサービス業（598 万人、19.4％）、卸売・小売業、飲食店（563 万人、18.3％）は第 3 位に低下した。製造業が依然トップではあるが、構成比は若干低下した。製造業と建設業の 2 産業の合計は、サービス業と卸売・小売業、飲食店、金融・保険・不動産業の 3 産業の合計と比べ、1985 年には若干上回ったが（2.5 ポイント）、1991 年にはほぼ同じ（△ 0.5 ポイント）になった。

　次に、1985 年に「均等法」が成立し、これからは "能力・意欲のある女性は男性と同等の雇用機会" が保障されるといわれた。これまで就職機会がきわめて制限されてきた 4 年制大卒女性に、初めて日の光が射したのである。

――――――――――
4) サービス業、卸売・小売業、飲食店、金融・保険・不動産業の 3 産業の雇用者の全体に占める割合は、62.2％（1985 年）から 64.4％（1991 年）に微増した。

表Ⅱ－1－4　産業別男女別雇用者数　　　（単位：万人、％）

			全産業	建設業	製造業	運輸・通信業	卸売・小売業、飲食店	金融・保険業、不動産業	サービス業
雇用者数	女性	1985 年	1548	57	435	41	408	90	464
		1991 年	1918	79	489	54	516	124	595
	男性	1985 年	2764	357	800	283	504	109	476
		1991 年	3084	400	868	301	563	120	598
構成比	女性	1985 年	100.0	3.7	28.1	2.6	26.4	5.8	30.0
		1991 年	100.0	4.1	25.5	2.8	26.9	6.5	31.0
	男性	1985 年	100.0	12.9	28.9	10.2	18.2	3.9	17.2
		1991 年	100.0	13.0	28.1	9.8	18.3	3.9	19.4

資料出所：総務省統計局「労働力調査」より作成。

　これを契機に女性の4年制大学進学者が増加し始め、進学先もこれまでとは異なる社会科学系が増加し始めた。1996年には4年制大学進学者が短大進学者を初めて上回った。

　しかし、現実の雇用機会は、「宣伝」されるほど平等ではなく、採用・処遇条件には、まだまだ大きな男女格差が存在した。代表的な例が「コース別雇用管理制度」である。これまで仕事やキャリアは、性ではっきりと区別される性別雇用管理であった。それが均等法違反となることが明らかになると、企業のなかには「男性職」・「女性職」と呼んできたものを「総合職」・「一般職」と名称変更したうえで、従来どおり男女別採用を維持しようとした。ほんの少しだけ女性の「総合職」を採用するだけで、男性は「総合職」という出世コース、女性は「一般職」という万年平社員コースに誘導したのである。このような事態は、「均等法」自体がもつ限界ゆえの当然の結果でもあった[5]。

　さらに1985年には、「労働者派遣事業の適正な運営の確保及び派遣労働

5)「均等法」は、実効性のある雇用平等を要求する女性労働者・労働組合と、できる限り時間かせぎをしたい経営者の対立のなかで、その間に入って労働省が探った妥協の産物であった。

者の保護等に関する法律（以下、「労働者派遣法」と略す）も成立した。こ
れまで違法状況下で増加してきた“派遣”が、法的に承認されたのである。

“派遣”は特殊な仕組み（雇用主と使用者が別会社）ゆえに労働者の権利が
侵害されやすいので、労働組合はじめ労働者は大反対であった。しかし派遣
労働者の保護や新しい専門技術の利用などを理由に成立してしまった。成立
当初は派遣労働者の利用は13職務に限定されていたが、のち対象職務が拡
大され、さらには原則自由へと大きく転換し、非正規雇用が拡大する原因と
なった。

「均等法」と「労働者派遣法」が同時に成立したことで、一見女性雇用の
急拡大・発展に貢献したようにみえるが、実は数の拡大に隠れて、雇用の質
の悪化が確実に進行した。

1985〜1991年の雇用増加は、女性が321万人に対し、男性は216万人で
女性が圧倒している。しかし正社員に限定すると、女性が127万人の増加に
対し、男性は169万人であり、男性のほうが大幅に上回っている（表Ⅱ−
1−5参照）。

他方、非正規社員では、女性は194万人と急増しているのに対し、男性は
47万人にとどまっている。女性雇用の増加の6割は非正規であり、非正規
中心に増加したのに対し、男性は、正規社員中心の雇用増加がまだ継続して
いたのである。

前期の低成長期にも、女性労働者は、「臨時」の増加が大きく、それが男
性の雇用増加を上回る要因であった。しかし当時はまだ「常用雇用」の増
加が「臨時」の増加を上回っており、女性雇用の増加も、「常用雇用」中心

表Ⅱ−1−5　1985〜1991年の雇用増加の内訳

	女性	男性
増加数合計	321万人（1463万人→1784万人）	216万人（2536万人→2752万人）
うち正社員	127万人（994万人→1121万人）	169万人（2349万人→2518万人）
うち非正規社員	194万人（470万人→664万人）	47万人（187万人→234万人）
正社員の割合	△5.1ポイント（67.9%→62.8%）	△1.1ポイント（92.6%→91.5%）

資料出所：厚生労働省『女性労働の分析　2008年』130ページより作成。

（66.1％）であった。それに対し、バブル期は、雇用の増加数においても、非正規雇用中心に変化しており、女性雇用の非正規化は、この時期いっそう進行し、本格化したといえる。

なお、その一方で、女性管理職もわずかながら増加した。役職者に占める女性の割合は、「係長級」で少し増加し、1985年の3.9％が1991年には6.2％となった。「課長級」（1.6％→2.3％）や「部長級」（1.0％→1.2％）はごくわずかの増加で、「部長級＋課長級＋係長級」（2.5％→3.6％）もわずかの増加にとどまった。

このように、この時期は、「均等法」「労働者派遣法」という新たな法律の制定によって、女性雇用は今まで以上の階層化が進行した。正社員のなかには、ごく一部ではあるが、男性並みの基幹的正社員や管理職が誕生したものの、圧倒的多数は従来通りの男性とは区別される補佐的正社員である。他方これら正社員とは明らかに雇用・労働条件で劣る非正規社員が多様化しながら急増するようになった。これまでの正社員（補佐的正社員）と非正規社員（パートタイマー中心）の2層構造から、正社員の2分化と非正規社員の多様化による多層構造へと変化したのである。「均等法」のもとで、女性労働者の格差拡大が進行した。

④ バブル不況と1990年代不況期（1991 ～ 2002年）

経済情勢

1991（平成3）年になるとバブルがはじけ、不動産価格や株価が急落した。バブルが大きかった分、落ち込みも大きく、日本経済はかつて経験したことのない"複合不況"に突入した。

バブル期の近代化投資による生産能力の拡大と需要との間に大きな乖離が生じ、「消費不況」（需給ギャップ350兆円以上）となった。と同時に、バブル期の過剰な銀行融資の返済が滞り多額の不良債権が発生した"金融不況"でもあった。

バブル期に大企業は直接金融に移行し始め、銀行からの借り入れを減らした。そこで銀行は何とか融資を拡大しようと、「土地神話」のもと土地を

担保にとって過剰な貸し付けを行った。そのつけが多額の不良債権となった。大手都市銀行や大手証券会社も戦後初めて倒産し、日本発の金融恐慌が心配される状況となった。

このように、消費不況と金融不況のミックスした、かつて経験したことのない"複合不況"に陥り、不況からの脱出にもがき苦しみ、長引く結果となった。

また"価格破壊"の名のもと、商品価格が引き下げられた。不況による価格低下は戦後初めてであった。実はその前に、人員削減や賃金の引き下げにより購買力が低下していたのである。購買力の低下が売り上げの減少をもたらし、企業は生産の減少と価格引き下げで対応したが、それは利益の減少をもたらすため、いっそう人件費の削減に向かった。この悪循環により、価格の低下が長期にわたり持続するデフレーションに突入した。日本経済はなかなか回復せず、いわゆる日本経済の「失われた10年」となったのである。

雇用情勢

〈失業の急増〉

経済の急激で深刻な悪化に後追いする形で、1993〜1994年から雇用状況も急変した。まず失業者が急増した。1993年に166万人であったのが、1995年には200万人を超え（210万人）、1999年には300万人を突破した。最悪は2002年の359万人であった。1999〜2004年の6年間は失業者が300万人を超えていた。

それに伴い失業率も悪化の一途をたどった。1993年の2.5％は、翌1994年には約3％（2.9％）に上昇し、1998年には4％を超え（4.1％）、2001年に5％となった。最悪の2002年は5.4％にまで上昇した。2002年の失業者359万人、失業率5.4％は、過去最悪の数値である（リーマン・ショックによる不況下の2009年でも、336万人、5.1％である）。このように時がたつとともに失業者がますます増加し滞留する不気味な時代となったのである。

〈リストラとフリーター〉

　失業の急増は、厳しいリストラの結果であったが、これまでとは異なる新しい現象を伴っていた。まず1990年代初めには、中高年の事務職などホワイトカラーがリストラの主たる対象となった。とくにこれまでもっとも雇用が安定し優遇されてきた男性管理職が、大量に解雇されたのである[6]。

　またこれまで企業にとって採用意欲のもっとも高かった若者、新規学卒者の採用が手控えられた。就職率が急速に低下し、就職"氷河期""超氷河期"と呼ばれるようになった。2000年には就職率が6割を切った。バブル期の9割近い水準から急激に低下したのである。その結果、採用機会を逃し、あるいは採用されても非正規社員となる若者が急増した。いわゆる"フリーター"の急増である（2003年417万人）。

　若者は、予想もしなかった雇用情勢の急変に就職や人生を翻弄（ほんろう）されることとなった。1990年前後に初めて登場したフリーターは、正社員としての採用を引き延ばしたい就職猶予組が多かったが、1990年代後半以降は正社員になりたくてもなれない若者が多数（7割）であった。1990年代半ばからその後10年間に新しく社会に出ることとなった若者は、のち"ロスト・ジェネレーション世代"と呼ばれた。

〈正社員の大幅減少と非正規社員の急増〉

　この不況下では、従来とは異なる人員整理の方法が採用された。かつては、不況期には正社員の雇用を守るために、まず非正規従業員が解雇されたが、今回は、正社員が大幅に減少する一方で、非正規社員が急増した。ちなみに正社員は、1991～2002年の間に男女合計で150万人減少（うち女性69万人、男性81万人）したのに対し、非正規社員は同時期男女合計で554万人（うち女性357万人、男性197万人）も増加した。まさに非正規社員による正社員の置き換えが進行したのである。この傾向は女性でより顕著であり、

───────────

6）当時、リストラされた男性管理職のなかには、解雇の撤回など雇用と生活を守るために労働組合を結成した人もいた。それは「管理職ユニオン」と呼ばれた日本初の労働組合であった。管理職は、従来、労働組合の組織対象外であったが、激しいリストラに対抗するため、組織化の道を選択したのである。

第2章　女性労働の変貌の要因　63

表Ⅱ－1－6　1991～2002年の雇用形態の変化

	女性	男性
正社員	△69万人　（1121万人→1052万人）	△81万人　（2518万人→2437万人）
非正規社員	＋357万人　（664万人→1021万人）	＋197万人　（234万人→431万人）
合計	＋288万人　（1784万人→2073万人）	＋116万人　（2752万人→2867万人）

資料出所：厚生労働省『女性労働の分析　2008年』130ページより作成。

正規の減少数に対する非正規の増加数は5.2倍であり、男性の2.4倍を大きく上回った。

　とはいえ男性の雇用動向も、もはやこれまでとは異なり、雇用増加は非正規のみに変化した（表Ⅱ－1－6参照）。男性雇用は、低成長期、バブル期ともに正社員中心に増加してきたが、この時期初めて正社員が大幅に減少し、非正規社員のみ急増した。一方、女性雇用も、これまでの低成長期、バブル期には、正社員も非正規社員も増加しつつ、増加の中心が正社員から非正規社員へと移行してきたが、この1990年代不況期は、正社員が大幅に減少しながら、非正規社員のみ急増した。

　つまり、1990年代不況期は、男女とも雇用増加は非正規社員のみに変化し、男女が足並みを揃えたのである。これまで非正規雇用は女性労働者に特有の問題であったが、この時期は、そしてこれからは、男女を問わず共通の問題に転換したのである。

〈製造業雇用者の減少とサービス業雇用者の増加〉
　この時期雇用者が大幅に減少したのは、男女とも製造業であり（女性△123万人、男性△103万人）、次いで金融・保険業、不動産業（女性△17万人、男性△5万人）であった。反対に増加したのは、男女ともサービス業が断然多く（女性246万人、男性131万人）、次いで女性は卸売・小売業、飲食店（96万人）、男性は建設業（28万人）、卸売・小売業、飲食店（11万人）であった（表Ⅱ－1－7参照）。

　その結果、2002年の女性雇用者の産業別就業分野は、第1位がサービス業で約4割（841万人、38.9％）、第2位が卸売・小売業、飲食店で約3割

表Ⅱ－1－7　男女別産業別雇用者数の推移（1991 ～ 2002 年）

	女性		男性	
雇用減少の産業	1.　製造業	△ 123 万人	1.　製造業	△ 103 万人
	2.　金融・保険業、不動産業	△ 17 万人	2.　金融・保険業、不動産業	△ 5 万人
雇用増加の産業	1.　サービス業	＋ 246 万人	1.　サービス業	＋ 131 万人
	2.　卸売・小売業、飲食店	＋ 96 万人	2.　建設業	＋ 28 万人
			3.　卸売・小売業、飲食店	＋ 11 万人

資料出所：総務省「労働力調査」より作成。

（612 万人、28.3%）となった。この 2 産業の合計は、7 割弱（67.2%）であり、1991 年の 6 割弱（57.9%）から大幅に増加（約 10 ポイント）した。女性雇用者は、この 2 つの産業に集中することとなった（それに金融・保険業、不動産業を加えると、7 割強〈72.2%〉となる。）他方、製造業は第 3 位とはいえ、2 割を切り（366 万人、16.9%）、サービス業や卸売・小売業、飲食店に大きく引き離された（建設業と合わせてようやく 2 割を占める程度）。

　低成長期に始まった第 3 次産業（サービス業、卸売・小売業、飲食店、金融・保険業、不動産業）の雇用の拡大は、この時期さらに著しく伸長した結果、製造業など第 2 次産業との差を大きく広げ、圧倒することとなった（1986 年と 1991 年の 2 倍から 2002 年は 3.5 倍。表Ⅱ－1－8 参照）。

　また男性雇用者についても、製造業がかろうじて第 1 位を維持したが（765 万人、24.1%）、雇用者数・構成比とも大きく減少した。他方サービス業の増加は著しく（729 万人、23.0%）、製造業にあと一歩と迫っている。サービス業と卸売・小売業、飲食店、金融・保険業、不動産業の 3 産業の合計を、製造業と建設業の合計と比較すると、1991 年には互角であったものが、2002 年には、225 万人、7 ポイント上回った。男性雇用者においても、初めて第 3 次産業雇用者の拡大・優位が明瞭になった。

　このように、1990 年代不況期は、男女とも製造業の雇用の大幅減少とサービス業のそれを大きく上回る増加という対照的動向がみられた。男性労働者

第 2 章　女性労働の変貌の要因　　65

表Ⅱ−1−8　産業別男女別雇用者数　　（単位：万人、％）

			全産業	建設業	製造業	運輸・通信業	卸売・小売業、飲食店	金融・保険業、不動産業	サービス業
雇用者数	女性	1991 年	1918	79	489	54	516	124	595
		2002 年	2161	77	366	75	612	107	841
	男性	1991 年	3084	400	868	301	563	120	598
		2002 年	3170	428	765	307	574	115	729
構成比	女性	1991 年	100.0	4.1	25.5	2.8	26.9	6.5	31.0
		2002 年	100.0	3.6	16.9	3.5	28.3	5.0	38.9
	男性	1991 年	100.0	13.0	28.1	9.8	18.3	3.9	19.4
		2002 年	100.0	13.5	24.1	9.7	18.1	3.6	23.0

資料出所：総務省統計局「労働力調査」より作成。

にとって中心的産業である製造業での雇用の大幅な減少は、消費不況の影響だけではなく、1990 年代から開始された大企業の本格的多国籍企業化（海外進出）の影響によるところも大きかった。

　以上述べたように、この 1990 年代不況下では、日本的雇用慣行が大きく崩壊し、雇用の劣化が進行した。雇用の非正規化の急速な進行は、1995 年に発表された日経連の『新時代の「日本的経営」』が打ち出した正社員の採用抑制と非正規社員の活用という方針の反映・実践であった。日本企業は、長期不況と経済のグローバル化に対応するため、戦後長らく続いてきた雇用慣行の転換に踏み切ったのである[7]。

　そのような方向のなかで「労働者派遣法」が、1999 年には大改正され、派遣労働は原則自由となった（製造業務など 4 業務は適用除外）。「労働者派遣法」制定当初いわれた、派遣労働の仕事の専門性という根拠は完全に消滅した。

――――――――――
7）のちに、日本経団連のある役員は、雇用の非正規化の急速な進行は、自分たちの想像以上であったと述べている。1995 年の日経連の『新時代の「日本的経営」』のもたらした影響はきわめて大きく、日本の経営者は、それをいわば「錦の御旗」、「免罪符」として、非正規化に突き進んだのである。

また、新規学卒者にとって重要な役割を果たしてきた「学校から企業への職業の安定した移行システム」も崩壊した。景気の悪化のみならず、雇用ルールの変更が、若者のフリーター化を招いたのである。

〈雇用平等政策の進展〉

ところで、この時期には、これまでみてきた雇用状況とは真反対ともいうべき雇用制度の改善、これからのあるべき雇用制度の創造も進行した。それは 1991 年に「育児休業法」が成立し、1995 年にはさらに「育児・介護休業法」へと拡充したことである。1975 年の国際女性年以降、世界が追求している男女平等社会には不可欠の、男女がともに働きながら家事・育児することのできる社会の実現に向けた条件整備がひとつ整ったのである。1975 年に成立した旧「育児休業法」とは異なり、男女労働者を対象に、1 年間の育児休業などの措置が成立した。1995 年には「育児・介護休業法」も成立させて、日本は、ようやく「家族的責任条約」（ILO 1981 年）を批准することができたのである。

また、もうひとつの雇用の男女平等に向けた制度改善が、「均等法」の改正（1997 年、1999 年施行）であった。制定当初の努力義務規定（募集・採用と配置・昇進）を廃止し、禁止規定へと効力を強化した。また新規定として、セクシュアル・ハラスメント規定やポジティブ・アクション規定が挿入された。ポジティブ・アクション規定は、「女子に対するあらゆる形態の差別の撤廃に関する条約」（以下、「女性差別撤廃条約」と略す。1979 年）に記載されている雇用平等促進措置である。女性差別撤廃条約批准後 12 年目にしてようやく導入されたのである。

ただしこのような改正とともに、労働時間制度が男女同一基準となり、女性労働者にも男性労働者並みの長時間労働が適用可能となった。ヨーロッパでは、男女ともに労働時間を短縮して同一基準を適用しているのに対し、日本は、世界にも名高い男性の長時間労働を女性にも適用することで、男女同一基準にしようとしたのである。これは「均等法」改正による雇用の男女平等措置を阻害する要因であり、政策の整合性に欠ける改正であったといえよう。

〈職場における雇用の男女平等の状況〉

　このような錯綜した状況のもとで、職場における雇用の男女平等の進展は、きわめて緩慢であった。例えば、新規学卒者の採用や職務配置の状況をみれば、男女平等の取り組みが若干後退したことがわかる。新規学卒者の採用で「男女とも採用」がもっとも多いのは、「4年制大卒　事務・営業系」である（表Ⅱ－1－9参照）。1998年には半分弱（47.5％）であったが、2000年には若干減少した（43.8％）。また「技術系」は、もともと少ないうえに（1998年　35.1％）、2000年には減少している（29.0％）。

　他方、短大卒・高専卒や高校卒は、「事務・営業系」、「技術系」を問わず、「男女とも採用」は少ない。「事務・営業系」は「女性のみ」が中心（それぞれ46.8％→67.5％、38.5％→54.3％）、「技術系」は「男性のみ」が中心（それぞれ36.5％→59.9％、52.5％→61.4％）であり、その傾向が2000年にかけ強化された。

　1998年は、「均等法」の改正により、「募集・採用」の平等取り扱いが努力義務規定から強行規定に強化された直後であり、企業も対応に配慮したが、その後次第に緊張感も弱まっていったことを示しているといえよう。

　また、労働者の「部門・配置状況別企業割合」をみると（表Ⅱ－1－10参照）、「男女とも配置」がもっとも高い部門は「人事・総務・経理」であり、1995年には9割近い（89.3％）。次いで高いのが、「情報処理」（83.9％）、「企画・調査・広報」（82.4％）で8割強である。それに対し、「生産」（72.6％）、

表Ⅱ－1－9　新規学卒者の採用状況別企業割合　　　　（単位：％）

		採用あり		男女とも採用		女性のみ採用		男性のみ	
		1998年	2000年	1998年	2000年	1998年	2000年	1998年	2000年
4年制大卒	事務・営業系	100.0	100.0	47.5	43.8	8.0	16.5	32.8	38.0
	技術系	100.0	100.0	35.1	29.0	3.8	5.0	46.6	64.6
短大・高専卒	事務・営業系	100.0	100.0	31.0	23.7	46.8	67.5	6.6	8.4
	技術系	100.0	100.0	32.9	22.2	11.3	17.4	36.5	59.9
高校卒	事務・営業系	100.0	100.0	29.1	29.8	38.5	54.3	12.1	13.3
	技術系	100.0	100.0	23.9	27.1	6.9	11.1	52.5	61.4

資料出所：厚生労働省「女性雇用管理基本調査」（1998年度、2000年度）。

表Ⅱ－1－10　部門・配置状況別企業割合　　　（単位：%）

| | 現在の配置状況 | | | | | |
| | 男女とも配置 | | 女性のみ配置 | | 男性のみ配置 | |
	1995 年	2000 年	1995 年	2000 年	1995 年	2000 年
人事・総務・経理	89.3	86.6	9.5	10.5	1.4	3.1
企画・調査・広報	82.4	79.5	2.8	2.8	14.8	17.8
研究・開発・設計	67.9	66.1	1.1	0.7	31.0	33.3
情報処理	83.9	78.0	5.3	5.3	10.8	16.7
営業	58.3	62.0	0.9	1.0	41.0	37.3
販売・サービス	70.6	71.2	5.6	6.9	24.2	22.8
生産	72.6	72.9	3.3	2.4	26.0	25.0

資料出所：厚生労働省「女性雇用管理基本調査」（1995 年度、2000 年度）。

「販売・サービス」（70.6%）が 7 割強、「研究・開発・設計」（67.9%）は 7 割未満、そしてもっとも低いのが「営業」（58.3%）の 6 割弱で、他部門とは相当大きな開きがある。

　ところが、2000 年になると、「男女とも配置」割合の最低であった「営業」のみは多少増加（62.0%）がみられたものの、割合の高かった「人事・総務・経理」（86.6%）、「情報処理」（78.0%）、「企画・調査・広報」（79.5%）では、その割合が軒並み低下した。このように、「男女とも配置」は、最低の「営業」では若干の改善がみられたものの、他の多くの部門では、後退ないし横ばいにとどまった。

　次に、育児休業制度についてみると、育児休業取得者の割合（出産した女性労働者に占める育児休業取得者の割合）は、大幅に増加した（1996 年の 44.5%→2002 年 70.6%）。もっともこの数値は、第 1 子出産で 7 割が退職したあとの残り 3 割の女性労働者についての数値であることに注意が必要である。とはいえ、職業継続を志向する女性労働者の間で、育児休業の取得が普及したことを示すものである（育児休業制度の規定ありの企業の割合は 6 割強で横ばい〈1996 年 60.8%、2002 年 61.4%〉である）。

　なお、配偶者が出産した男性労働者に占める育児休業取得者の割合は、きわめて低く、1999 年は 0.42、2002 年 0.33 であった（1996 年は 0.12）。

第 2 章　女性労働の変貌の要因　　69

　最後に、職場における女性の職業的地位を端的に示す「役職者に占める女性の割合」（企業規模 100 人以上）をみると、1991 年から 2002 年にかけてごくわずか改善している。そのうち「係長級」の増加がもっとも多く（6.2%→ 9.6%）、10% にあと一歩と迫っている。「課長級」（2.3%→ 4.5%）、「部長級」（1.2%→ 2.4%）は、ごくわずかの増加であった。その結果、「部長級 ＋課長級 ＋ 係長級」（2002 年 6.0%）も「部長級 ＋ 課長級」（3.8%）もともに少ない。

　「均等法」の成立以来女性管理職にスポットライトがあたってきたが、女性管理職の増加は、きわめてゆっくりとしており、この時期も、バブル期とほぼ同程度のスピードであった。

　なお、ポジティブ・アクションの取り組みも始まったが、取り組み企業の割合は 2000 年度で 26.3% であり、まだ一部にとどまっている。

　「失われた 10 年」とも命名された 1990 年代は、不況が長引くなか、大量失業が時の経過とともにますます増加し滞留するという重苦しい雇用状況となり、雇用形態の悪化と長時間労働の「男女均一化」をもたらした。その一方で世界的な雇用の男女平等政策も一定前進したが、社会をとりまく急激な雇用悪化のなかで遂行されたため、雇用平等政策が政策目的に適合するような形での展開は難しく、女性正社員の一部で活用されたにとどまった。急増する女性非正規社員は雇用平等政策の適用から漏れやすく、また男性社員も育児休業制度を利用するには抵抗が大きく、浸透はごく一部に止まった。その結果、日本の女性雇用を大きく転換・改善することは、困難であった。

⑤ 景気回復期（2002 ～ 2008 年）

経済情勢

　2002（平成 14）年を底に、日本は戦後最長の景気回復過程に転換した。それは、アメリカや中国向け輸出が増加したためである。輸出の増加は設備投資の増加をもたらしたが、個人消費は停滞気味であった。労働者の所得水準は、1997 年をピークに低下傾向となり、雇用不安もあって、消費は手控

えられたからである。この景気回復の普及は、大企業と中小企業、都市と地方では同様ではなく、景気が二極化した。輸出向け製造大企業では景気の拡大がみられたが、地方の内需向け中小企業には景気回復の恩恵は感じられなかった。戦後最長の景気回復過程ではあったが、回復力は弱かった。

雇用情勢

〈継続する非正規雇用の激増〉

　戦後最長の景気回復過程にも関わらず、1990年代不況期と同様、正規社員は減少し、非正規の増加がそれを大幅に上回るという状況が、継続した。この傾向は女性でとくに顕著で、非正規の増加数は181万人にもおよぶ一方、正社員は12万人の減少となった（トータルで169万人の増加）。男性も非正規が128万人増加する一方で、正社員は79万人の減少（トータルで50万人の増加）となった。男性正社員の減少ペースは、1990年代不況期を上回った（表Ⅱ－1－11参照）[8]。

　その結果、女性雇用者は、2003年以降雇用者の半分以上が非正規という非正規中心の構成となった。女性雇用者の場合、バブル期以降、雇用の増加は非正規中心に変化しており、すでに2002年には、正社員と非正規社員はほぼ拮抗するまでになっていた（正規1052万人、50.7％、非正規1021万

表Ⅱ－1－11　2002～2008年の雇用形態の変化

	女性	男性
正社員	△12万人（1052万人→1040万人）	△79万人（2437万人→2358万人）
非正規社員	＋181万人（1021万人→1202万人）	＋128万人（431万人→559万人）
合計	＋169万人（2073万人→2242万人）	＋50万人（2867万人→2917万人）
非正規の割合	49.3％→53.6％	15.0％→19.2％

資料出所：厚生労働省『女性労働の分析　2012年』より作成。
原典：総務省統計局「労働力調査（詳細集計）」より。

8）1990年代不況期は、11年間で81万人の減少に対し、景気回復期は6年間で79万人の減少であった。なお2008年1年間で44万人減少した。

人、49.3％）。それが2003年に初めて非正規が正規を上回り（正規1034万人、49.4％、非正規1061万人、50.6％）、以後その差が拡大していったのである。

また男性も非正規が約2割へと急増した。2004年からは製造業でも派遣労働者の使用が解禁され、この傾向を促進した。女性に比べれば少ないものの、1990年代からの急増の蓄積の結果である。

こうして2006年には、年収が200万円未満の"ワーキング・プアー"（働いても所得水準が低く、生活の苦しい労働者）が1000万人の大台を超えた。一方で年収2000万円以上層も増加し、日本も所得格差の大きい「格差社会」へと変貌した。

〈引き続く製造業雇用者の減少とサービス業雇用者の増加〉

雇用者の減少を産業別にみると、女性では引き続き製造業（△44万人）が中心であるが、男性では建設業（△58万人）が最大となり、製造業（△10万人）が続いた（表Ⅱ－1－12参照）。それに対し増加したのは、女性ではサービス業が断然多く（113万人）、次いで卸売・小売業、飲食店（48万人）が続いている。また金融・保険業、不動産業（10万人）も増加に転じた。男性は運輸・通信業（95万人）が大幅に増加した。次いで金融・保険業、不動産業（24万人）が続き、女性同様増加に転じた。

表Ⅱ－1－12　男女別産業別雇用者数の推移（2002～2008年）

	女性		男性	
雇用減少産業	1. 製造業	△44万人	1. 建設業	△58万人
			2. 製造業	△10万人
雇用増加産業	1. サービス業	＋113万人	1. 運輸・通信業	＋95万人
	2. 卸売・小売業、飲食店	＋48万人	2. 金融・保険業、不動産業	＋24万人
	3. 金融・保険業、不動産業	＋10万人		

資料出所：総務省統計局「労働力調査」より作成。

このように、女性はサービス業、男性は運輸・通信業を筆頭に第3次産業で雇用増加が目立つ一方、製造業・建設業という第2次産業では雇用が減少し、対照的動向となった。これは1990年代不況期にみられたのと同じ特徴

表Ⅱ-1-13　産業別男女別雇用者数　　　　（単位：万人、%）

			全産業	建設業	製造業	運輸・通信業	卸売・小売業、飲食店	金融・保険業、不動産業	サービス業
雇用者数	女性	2002年	2161	77	366	75	612	107	841
		2008年	2312	67	322	106	660	117	954
	男性	2002年	3170	428	765	307	574	115	729
		2008年	3212	370	755	402	582	139	722
構成比	女性	2002年	100.0	3.6	16.9	3.5	28.3	5.0	38.9
		2008年	100.0	2.9	13.9	4.6	28.6	5.0	41.3
	男性	2002年	100.0	13.5	24.1	9.7	18.1	3.6	23.0
		2008年	100.0	11.5	23.5	12.5	18.1	3.8	22.5

資料出所：総務省統計局「労働力調査」より作成。

である。

　その結果、女性雇用者は、サービス業（4割強）と卸売・小売業、飲食店（3割弱）に集中し、両者で圧倒的割合（約7割）を占めている。これに金融・保険業、不動産業を加えると75%にも達し、前期よりもさらに高くなった。他方製造業は15%を切り（13.9%）、建設業と合わせても2割を切った（表Ⅱ-1-13参照）。第3次産業と第2次産業の差は、ますます拡大した（2002年3.5倍→2008年4.5倍）。

　男性雇用者は、製造業（23.5%）がかろうじて第1位ではあるが、第2位のサービス業（22.5%）との差はごくわずか（33万人、1%）である。サービス業、卸売・小売業、飲食店、金融・保険業、不動産業の3産業と、製造業、建設業の2産業との差は、若干拡大（7.1ポイント→9.4ポイント）した。

　こうして、雇用者の産業別就業分野における第3次産業の優位は、女性はもちろんのこと、男性においても定着した。女性の場合、低成長期にすでに転換が生じていたが、男性の場合も、1990年代不況期に生じた転換が、景気回復期も継続し、定着したのである。

〈雇用平等政策の進展〉

　この時期には、雇用の男女平等に向けた法律の改正が再度行われた。ひと

つは「均等法」の２度目の改正である。従来の女性に対する差別の禁止から男女とも性を理由とした差別の禁止、間接差別禁止規定の導入、セクシュアル・ハラスメント規定の強化など多くの改正とともに、妊娠・出産・育児期の女性労働者に対する差別の禁止規定が大幅に拡充された。規定の厳密化や拡充とともに、妊娠中と産後１年以内の解雇を原則無効、解雇には事業主の証明を必要とするなど、妊娠・出産・育児期の女性労働者の不利益処遇・差別に対する法的歯止めがかけられた。

　またいつまでたっても歯止めのかからない少子化対策の一環として、「育児・介護休業法」の改正が行われ、育児休業期間の延長（１歳時点で育児休業を利用している労働者が、職場復帰に欠かせない保育所に子どもを入所できない場合、半年休業期間の延長を認める）と看護休暇制度の義務化（年間５日）が行われた。

　仕事と子育ての両立支援策は、「次世代育成支援対策推進法」（2003 年）でも 301 人以上の企業に支援策の策定を義務づけることとなり、社会への一定の浸透に効果があった。

　なお景気回復過程にも関わらず雇用の改善がみられない状況で、大学生への就職支援が取り組まれ始めた。2003 年には若者自立・挑戦プランが打ち出され、ジョブカフェが各地で設立されるようになった。また大学では、キャリア教育への取り組みが広がっていった。

〈職場における雇用の男女平等の進展〉

　この時期は、法律の制定・改正など法制面で、雇用平等政策が進展した。それを反映してか、育児休業取得者の割合（出産した女性労働者に占める育児休業取得者の割合）が大幅に上昇し、2007 年度は約９割（89.7％）となった。また、男性の育児休業取得者（配偶者が出産した男性労働者のうち育児休業を取得した者）も、初めて１％台（1.56％）に増加した。

　また、女性管理職も、前期に比べ、増加テンポが少し速くなった。役職者に占める女性の割合は、「係長級」では、2004 年に初めて 10％を超え、2008 年には 12.7％となった。「課長級」（6.6％　2008 年　以下同じ）や「部長級」（4.1％）は依然少ないものの、「部長級＋課長級＋係長級」で、8.5％にまで

増加した（「部長級」＋「課長級」は 5.9％）。

　しかし、ポジティブ・アクションの取り組みは、相変わらず一部にとどまっている（2006 年度の取り組み企業の割合は 20.7％）。ポジティブ・アクションの具体的な取り組み事項としては、「人事考課基準を明確に定める」（68.3％）、「女性がいない又は少ない職務について、意欲と能力のある女性を積極的に採用」（42.9％）、「出産や育児等による休業等がハンディとならないような人事管理制度・能力評価制度等の導入」（41.4％）、「職場環境・風土の改善」（40.6％）が上位を占めている（数値はポジティブ・アクションに取り組んでいる企業を 100 とした取り組み事項別企業割合である）。

　また、職場における労働者の採用や職務配置の男女平等度も、低下した。例えば、新規学卒者の採用で「男女とも採用」は、もっとも割合の高い「4 年制大卒　事務・営業系」でも大幅に低下し、2003 年の 45.4％から 2006 年には 37.9％となった。4 年制大卒の技術系でも、同様に低下し（35.4％→28.1％）、短大卒・高専卒や高校卒も、いっそう大幅に低下した（表Ⅱ－1－14 参照）。

表Ⅱ－1－14　新規学卒者の採用状況別企業割合　（単位：％）

		男女とも採用	
		2003 年	2006 年
4 年制大卒	事務・営業系	45.4	37.9
	技術系	35.4	28.1
短大・高専卒	事務・営業系	34.5	6.5
	技術系	31.7	14.1
高校卒	事務・営業系	35.6	20.1
	技術系	24.3	21.7

資料出所：厚生労働省「女性雇用管理基本調査」（2003 年度、2006 年度）。

　職務配置についても、「男女とも配置」の割合は、多くの部門で低下した。「人事・総務・経理」（2003 年 85.1％→2006 年 84.2％）、「企画・調査・広報」（80.6％→73.7％）、「情報処理」（76.0％→69.7％）、「研究・開発・設計」（70.1％→67.8％）、「営業」（61.5％→59.0％）という具合である。

第 2 章　女性労働の変貌の要因　　75

表Ⅱ－1－15　部門・配置状況別企業割合（単位：%）

	男女とも配置	
	2003 年	2006 年
人事・総務・経理	85.1	84.2
企画・調査・広報	80.6	73.7
研究・開発・設計	70.1	67.8
情報処理	76.0	69.7
営業	61.5	59.0
販売・サービス	75.6	78.1
生産	72.5	75.1

資料出所：厚生労働省「女性雇用管理基本調査」（2003 年度、2006 年度）。

　それに対し、「販売・サービス」（75.6 %→ 78.1 %）と「生産」（72.5 %
→ 75.1 %）は、女性の職域拡大が若干進展した。とくに「販売・サービス」
は、「企画・調査・広報」と「情報処理」を抜いて、「人事・総務・経理」に
次ぐ第 2 位に上昇した（表Ⅱ－1－15 参照）。

⑥ 大不況期（2008 ～ 2012 年）

経済情勢

　2007（平成 19）年のサブプライム・ローン問題（アメリカの低所得者向
け住宅ローンの返済破綻）をきっかけに景気がまた不安定になっていたが、
翌年 9 月のリーマン・ショックを契機に世界経済は大不況に転換し、日本経
済は欧米以上の経済危機に陥った。日本の GDP は、2008 年の第 4・4 半期
から 2009 年の第 1・4 半期にかけて、年率換算で 10 %以上の大幅な落ち込
みとなった。

　その後少し回復しかけたところに、2011 年 3 月 11 日の東日本大震災が発
生し、加えて同年夏のタイの洪水により、予期せぬ生産システム障害（サプ
ライチェーンの寸断）に見舞われた。さらには国際金融市況による超円高が
重なり、日本の輸出条件はきわめて厳しい状況に陥った。加えて 1990 年代
から進行した経済のグローバル化に対応し、海外進出を進めた自動車や電機

産業でも、新興国の台頭と競争激化により、業績の悪化に直面することとなった。

雇用情勢

100年に一度の経済危機と称されたリーマン・ショックは、発生源のアメリカ経済はもとより、世界中に大きな影響を与えたが、日本経済にはアメリカ経済以上の大打撃をもたらした。経済の急変を受け、経営側は、もはやためらいもなく、即労働者の人員整理に着手した。とりわけ派遣労働者は、2004年から製造業でも使用が解禁されており、リーマン・ショックの発生とともに、大量の"派遣切り"が発生した。仕事と住居を一気に喪失する労働者が大量に発生し、一時的な避難場所として「テント村」（年越し派遣村）が設営された。日本社会が抱える新しい貧困を社会問題として可視化した。また電気産業では、10万人以上の人員整理計画が打ち出され、希望退職募集にとどまらず、さまざまな退職強要が行われた。

その結果失業者は急増し、2008年～2009年のわずか1年間で71万人も増加（うち男性44万人、女性27万人）し、336万人となった。1990年代不況期でもみられなかった増加スピードであった。2009～2010年の失業水準はとくに深刻で、完全失業者330万人以上、完全失業率5.1％であった。このうち男性失業者は200万人以上（203～207万人）、失業率5.3～5.4％、女性失業者は130万人前後（127～133万人）、失業率4.6～4.8％であった。1990年代不況期の最悪期である2001～2003年に次ぐ厳しい失業状況となっ

表Ⅱ－1－16　失業者数と失業率の推移（2008～2012年）

	完全失業者数			完全失業率		
	合計	女性	男性	合計	女性	男性
2008年	265万人	106万人	159万人	4.0％	3.8％	4.1％
2009年	336万人	133万人	203万人	5.1％	4.8％	5.3％
2010年	334万人	127万人	207万人	5.1％	4.6％	5.4％
2012年	285万人	112万人	173万人	4.3％	4.0％	4.6％

資料出所：21世紀職業財団『女性労働の分析　2012年』154ページより作成。
原典：総務省統計局「労働力調査」。

た（表Ⅱ－1－16参照）。

　その後男女とも失業者数が減少し、2012年（男性失業者173万人、4.6％、女性失業者112万人4.0％）には、2005年水準にまで回復したが、依然高水準である。

　雇用形態の悪化

　雇用形態は、男女ともに悪化した。男性雇用者は、2008年～2012年にかけて、正規社員は58万人も減少する一方で、非正規社員の増加は7万人にとどまった。とりわけ2008年～2010年の間は、正社員（△49万人）のみならず非正規社員（△21万人）も、大幅な減少となった。男性の雇用基調も、すでに1990年代不況期から非正規のみの増加に変化していたが、この時期は非正規雇用の増加も少なく、男性労働者にとり、きわめて厳しい雇用情勢であった（表Ⅱ－1－17参照）。

　他方女性のほうも、非正規中心に雇用が増加（45万人）し、正社員の増加はわずか1万人であった。男性と比べるとまだましではあるが、非正規の割合はさらに増加して、2012年には54.5％と過去最悪となった。

表Ⅱ－1－17　雇用形態の悪化（2008～2012年）

	女性			男性		
	総数	正社員	非正規社員	総数	正社員	非正規社員
2008年	2242万人 （100％）	1040万人 （46.4％）	1202万人 （53.6％）	2917万人 （100％）	2358万人 （80.8％）	559万人 （19.2％）
2010年	2263万人 （100％）	1046万人 （46.2％）	1217万人 （53.8％）	2848万人 （100％）	2309万人 （81.1％）	538万人 （18.9％）
2012年	2288万人 （100％）	1041万人 （45.5％）	1247万人 （54.5％）	2865万人 （100％）	2300万人 （80.3）％）	566万人 （19.7％）
2008～2010	＋21万人	＋6万人	＋15万人	△69万人	△49万人	△21万人
2010～2012	＋25万人	△5万人	＋30万人	＋17万人	△9万人	＋28万人
2008～2012	＋46万人	＋1万人	＋45万人	△52万人	△58万人	＋7万人

資料出所：21世紀職業財団『女性労働の分析　2012年』167ページより作成。
原典：総務省統計局「労働力調査（詳細集計）」。

産業別雇用者数の推移

雇用者の減少が著しかった産業は、男女とも製造業であった（男性△57万人、女性△40万人）。男性では建設業（△21万人）も大幅な減少となった（表Ⅱ−1−18参照）。それに対し、増加が突出して多いのは、男女とも医療、福祉（女性79万人、男性27万人）であり、とくに女性の増加は大幅である。その他、女性では宿泊業、飲食サービス業（9万人）や教育、学習支援業（7万人）でも多少増加した。

その結果、女性雇用者の産業別就業分野は、第1位のサービス業の比重がさらに高まり、ついに半分以上（51.5%）を占めるまでになった。第2位の卸売業、小売業（20.2%）と合わせると7割強であり、これに金融業、保険業を加えると約75%となる[9]。他方、製造業は1割強（12.0%）にまで低下した（建設業と合わせても15%以下）。サービス業、卸売業、小売業、金融業、保険業の第3次産業と製造業、建設業の第2次産業との差はさらにいっ

表Ⅱ−1−18　男女別産業別雇用者数の推移（2008〜2012年）

		女性			男性	
雇用減少の産業		1. 製造業			1. 製造業	2. 建設業
	2008〜2010年	△30万人			△51万人	△26万人
	2010〜2012年	△10万人			△6万人	+5万人
	2008〜2012年	△40万人			△57万人	△21万人
雇用増加の産業		1. 医療、福祉	2. 宿泊業、飲食サービス業	3. 教育、学習支援業	1. 医療、福祉	
	2008〜2010年	+41万人	+9万人	+2万人	+9万人	
	2010〜2012年	+38万人	0	+5万人	+18万人	
	2008〜2012年	+79万人	+9万人	+7万人	+27万人	

資料出所：総務省統計局「労働力調査」より作成。

---

9) 前期と比べ、卸売・小売業の割合が低下し、サービス業の割合が上昇しているのは、産業分類の変更による影響も大きい。これまで卸売・小売業と一括されていた「飲食店」は分離され、「宿泊業」と一体化して（飲食店、宿泊業→のち宿泊業、飲食サービス業）、サービス業に移行した。

そう拡大し、2008 年の 4.3 倍から 2012 年には 5.2 倍となった（表Ⅱ－１－19 参照）。

　男性雇用者でも、この時期、サービス業雇用者が初めて製造業雇用者を抜いてトップとなるなど決定的変化が生じた（2012 年には、サービス業が 26.9％に対し製造業は 22.2％）。製造業の雇用者は引き続き減少し、建設業との合計も、3 分の 1（33.3％）にまで低下した。

　製造業雇用者は、1990 年代以降、大幅な減少が続いてきた。1991 ～ 2012 年の約 20 年間の減少は、女性の場合、雇用者数で 4 割強減（489 万人→ 282 万人）、構成比で半減（25.5％→ 12.0％）であり、激減というにふさわしい。男性の場合も、いずれも、約 2 割減（雇用者数　868 万人→ 698 万人、構成比　28.1％→ 22.2％）であり、やはり大幅な減少である。

　製造業雇用者の激減は、長引く不況と賃金の低下による消費の停滞が原因であるが、それだけではなく、機械器具製造業（輸送用機械、汎用機械、情報通信機械など）を筆頭とする工場の海外移転の影響も大きい。1990 年代から始まる本格的な多国籍企業化により、海外生産比率は大幅に上昇し

表Ⅱ－１－19　産業別男女別雇用者数　　　　（単位：万人、％）

			全産業	建設業	製造業	卸売業、小売業	金融業、保険業	宿泊業、飲食サービス業	サービス業（注）
雇用者数	女性	2008 年	2312	67	322	473	82	187	1131
		2012 年	2357	62	282	477	85	196	1215
	男性	2008 年	3212	370	755	468	76	114	818
		2012 年	3148	349	698	461	74	115	846
構成比	女性	2008 年	100.0	2.9	13.9	20.5	3.5	8.1	48.9
		2012 年	100.0	2.6	12.0	20.2	3.6	8.3	51.5
	男性	2008 年	100.0	11.5	23.5	14.6	2.4	3.5	25.5
		2012 年	100.0	11.1	22.2	14.6	2.4	3.7	26.9

資料出所：総務省統計局「労働力調査」より作成。
注：産業分類は、2009 年から変更しており、この表は新しい分類に基づいている。そのため、表Ⅱ－１－13 の 2008 年の数値と、この表の 2008 年の数値は異なっている。本表の「サービス業」は、筆者が医療・福祉、宿泊業・飲食サービス業、教育・学習支援業その他の各種サービス業を合計した数値である。

（1990 年 6.0％から 2012 年 20.3％。海外進出企業ベースだと、約 15％から 33.7％）、国内産業の空洞化が進行したのである。

つまり、製造業雇用者の激減は、1990 年代から始まる本格的な多国籍企業化による国内製造業の衰退という基調のうえに、1990 年代不況と 2008 年からの大不況が強力な打撃を加えた結果といえよう。

大卒者の就職状況は、2002 ～ 2008 年の景気回復過程を経てようやく改善していたが、この大不況でまたしても就職氷河期が再来した。1990 年代不況期における新規学卒者の就職者割合の最低は、2000 年で、4 年制大卒女性 57.1％、短大卒女性 57.4％、4 年制大卒男性 55.0％であったが、大不況期の最低は 2010 年で、4 年制大卒女性 66.6％、短大卒女性 67.3％、4 年制大卒男性 56.4％であった。女性の場合、2000 年に比し約 10 ポイント高かった。それは 1990 年代不況期の採用に対する反省に基づき、労働者の年齢構成を配慮して、不況期でも一定数の採用を行ったためである。

若者・学生の就職支援も引き続き行われ、2008 年よりジョブ・カード制度も導入された。

雇用平等政策の進展

2009 年に「育児・介護休業法」が改正され、いくつかの大きな改善がみられた。短時間勤務制度の義務化（3 歳未満の子どもを育てながら働いているフルタイム労働者に対し、労働時間を 6 時間に短縮することを認める）、残業の免除規定の義務化、看護休暇制度の義務化と日数の増加（年間 5 日、子どもが 2 人以上の場合は 10 日まで、子どもの看病のための休業を認める）、「パパママ育休プラス」の新設（両親がともに育児休業を取得する場合、休業期間を 1 年 2 カ月に延長できる）、生後 8 週間以内に育児休業を取得した場合は、のちに再度育児休業を取得できる、労使協定による専業主婦（夫）除外規定の廃止など、多くの改善がみられた。

職場における雇用の男女平等の進展状況

これまでみてきたように、大不況期は、失業者の短期間の急増、非正規社

第2章　女性労働の変貌の要因　　81

員の増加、新規学卒者の就職難など大変厳しい雇用状況となった。そのような雇用環境に制約されて、職場における雇用の男女平等に向けた取り組みは、一部で改善がみられたが、概して停滞的であった。

全体的な改善がみられたのは、育児休業制度関係である。育児休業制度の規定のある企業の割合が増加した（2008年度66.4%→2012年度72.4%）。また、勤務時間の短縮等の措置を実施している企業の割合も増加した（2008年度49.3%→2012年度62.4%）。うち短時間勤務は、38.9%→58.4%へ大幅に増加し、所定外労働の免除も26.8%→54.9%へ大幅に増加した。女性の育児休業取得者の割合は、前期に比べ少し低下した（2008年度90.6%→2012年度83.6%）が、男性の育児休業取得者は、ごくわずか増加した（1.23%→1.89%）。

新規学卒者の採用では、「男女とも採用」が、全体的には減少した。ただし事務・営業系では、増加し改善がみられた。例えば、「4年制大卒　事務・営業系」（2006年37.9%→2010年45.8%）と「高卒　事務・営業系」（20.1%→37.3%）では増加した。

また職務配置における「男女とも配置」の割合も、ほとんどの部門で低下ないし横ばいであった。そのうち大幅に低下したのが「研究・開発・設計」（2006年67.8%→2010年60.7%）である。反対に、「販売・サービス」（78.1%→79.2%）と「営業」（57.8%→60.3%）の2部門のみは、少し増加した。「販売・サービス」は、前期に続く改善であった[10]。

ポジティブ・アクションの取り組みについては、取り組み企業の割合が、3分の1程度にまで増加した（ただし30人以上規模。10人以上規模だと24.9%。2012年度　以下同じ）。企業は、女性の活躍を推進するうえで必要なこととして、「女性の継続就業に関する支援」（64.6%　30人以上規模）を第1位にあげている。第2位が「公正・透明な人事管理制度・評価制度の構築」（37.6%）、第3位「研修機会の付与」（37.3%）と回答している[11]。

とはいえ、実際のポジティブ・アクションの取り組みをみると、「人事考

---

10)　以上の数値は、厚生労働省「雇用均等基本調査」（2007年度〜2012年度）による。

11)　以上の数値は、厚生労働省「雇用均等基本調査」（2012年度）による。

課基準を明確に定める」（68.1％）が多く、「出産や育児等による休業がハンディにならないような人事管理制度・能力評価制度等の導入」（45.1％）など人事管理制度の整備に力点がおかれているものの、「仕事と家庭の両立のための制度を整備し、制度の活用を促進」（38.0％）は4割程度にすぎず、「女性がいない又は少ない職務・役職に女性が従事するための教育訓練を積極的に実施」にいたっては、わずか15.9％しかない。

　つまり、女性活躍推進のために必要と考えている課題を、ポジティブ・アクションで十分に取り組もうとしていない。しかもこれまで上位に掲げられてきた女性の採用や登用の取り組みも低下している（「女性がいない又は少ない職務について、意欲と能力のある女性を積極的に採用〈登用〉する」はそれぞれ35.2％〈32.2％〉）[12]。

　このように、企業のポジティブ・アクションに対する取り組みは、まだまだ消極的であり、かつ政策的にも不整合がみられる。

　最後に、女性管理職の増加も、大不況期は、スピードがダウンしたうえ、一部低下した。役職者に占める女性の割合は、「係長級」で2011年に初めて15％を超えたが、2012年度は14.4％に低下した。「係長級以上」（「部長級」＋「課長級」＋「係長級」）も、2011年に10.2％となったが、2012年には9.6％に低下した。「課長級」（7.9％　2012年度　以下同じ）と「部長級」（4.9％）の増加テンポは緩く、「課長級以上」（「部長級」＋「課長級」）も6.9％にとどまった[13]。

⑦　アベノミクス期（2012年〜）

経済情勢

　2012（平成24）年年末に成立した第2次安倍政権は、"アベノミクス"と呼ばれる経済政策を実施した。それは3本の矢からなり、第1の矢は大胆な

12）以上の調査結果は、厚生労働省「雇用均等基本調査」（2011年度）による。

13）以上の数値は、『女性労働の分析　2015年』154ページより。原典は、厚生労働省「賃金構造基本統計調査」より、厚生労働省雇用均等・児童家庭局が作成したものである。

金融緩和、第 2 の矢は財政出動、第 3 の矢は成長戦略である。第 1 の矢の金融緩和は、デフレから 2 ％のインフレーションへの転換をめざし、貨幣流通量を増やすため、日本銀行による大量の国債購入などを行った。これが円安と株価上昇をもたらし、日経平均株価は、2012 年の 1 万円以下から 2015 年には 2 万円台へと大幅に上昇した。

　第 2 の矢の財政政策は、第 3 の矢の成長戦略ともからみ、公共投資を拡大した。とはいえ、東日本大震災復興に加え、2020 年の東京オリンピックの招致は、公共土木事業費の高騰をもたらし、効果的な事業遂行の障害になっている。

　問題は、日本経済の再生・復興の鍵となる成長戦略である。エネルギー政策は従来路線に固執して新たな成長路線（再生可能エネルギー）に転換できていない。AI（人工知能）やすべてのものをインターネットでつなぐ"IoT"（Internet of Things）といった新技術の開発、原発・軍事技術とインフラや農産物などの輸出などさまざまな政策が展開されているが、これまでのところ、十分な成果が上がっていない[14]。

　その結果、名目 GDP は、2007 年を 100 として、2012 年の 92.7 から 2015年に 97.3 に上昇しているが、ようやく 2008 年（97.7）近くに戻ったところである。また実質 GDP は、2007 年を 100 として 2013 年以降 100 以上に回復しているが、2015 年でも 100.6 にとどまっている。

　なお、2016 年以降、GDP は一定の拡大を続け、経常利益も企業の内部留保も増加している。ちなみに内閣府によると、GDP は、2016 年が、実質で1.3％上昇し 523 兆円となり（名目では 1.2％増、537.9 兆円）、2017 年が、実質で 1.7％上昇し 531.4 兆円（名目では 1.5％増、546.5 兆円）となった。2016年度の場合、大企業の経常利益は、9.9％増加して 74 兆 9872 億円、1960 年度以降で最大となっている。それに伴い内部留保は初めて 400 兆円を超えて、

14）2017 年 6 月 9 日に発表された第 2 次安倍政権での 5 回目の経済財政運営の基本方針（骨太の方針）や成長戦略に関して、「政策乏しい新味」（『朝日新聞』、2017 年 6 月 10 日付）、「アベノミクス 5 年不完全燃焼」（『日本経済新聞』、2017年 6 月 10 日付）との見出しのもと、この間の政策の進展は、失業の削減、訪日外国人の増加、法人税減税など一部にとどまり、技術革新、成長率や潜在成長率、基礎的財政収支の黒字化など重要な目標の未達成が指摘されている。

406 兆 2348 億円となった[15]。

　このように、経済成長はようやく少し上向いてきているようであるが、賃金の伸びは停滞し、労働分配率も低下している（2012 年度 72.3% → 2015 年度・2016 年度 67.5%）。しかも将来の雇用不安もある。また、増加する年金受給者は、そもそも年金額が少ないうえに、削減傾向にあるため、個人消費は停滞気味である。2016 年度の 1 世帯当たりの消費支出は月平均約 28 万 1000 円で、3 年連続減少している（「総務省家計調査」より）。GDP の約 6 割を占める個人消費が活発化しない限り、景気の本格的回復は望めない。

　こうして、株高や輸出で恩恵を被った大企業や資産家と、一般庶民の所得格差は、これまで以上に拡大し、2000 年代に入り社会問題化した「格差社会」は、いっそう厳しさを増している。

　ところで、安倍政権は、2013 年に発表した成長戦略の中核に、「女性の活躍」を位置づけた。人口の減少や少子高齢化基調のもと、心配される労働力不足対策として、女性や高齢者の活躍に期待しているからである。そして 2015 年には、女性の採用や登用を義務づける「女性の職業生活における活躍の推進に関する法律」（以下、「女性活躍推進法」と略す）が成立した。

雇用情勢

〈女性を中心に雇用が拡大〉

　2012 ～ 15 年にかけては、女性を中心に雇用が拡大している。女性は、金融業、保険業など一部を除きほぼすべての産業で雇用が増加している。とくに多いのが、医療、福祉（＋ 57 万人）であり、増加総数（117 万人）の約半分（48.7%）を占めている。卸売業、小売業（＋ 18 万人）がそれに続き、以下、宿泊業、飲食サービス業（＋ 10 万人）、教育、学習支援業（＋ 9 万人）、製造業（＋ 8 万人）、情報通信業（＋ 7 万人）が続いている。

　男性の場合も、大不況期のほぼすべての産業での雇用減少から転換し、医

---

15) 以上の数値は、『愛媛新聞』2017 年 5 月 19 日付および 6 月 9 日付、内閣府国民経済計算（2017 年）、『朝日新聞デジタル』2017 年 9 月 1 日付（松浦祐子氏）による。

療、福祉（＋17万人）や情報通信業（＋13万人）を中心に、卸売業、小売業（＋7万人）でも増加した。しかし、運輸業（△8万人）、建設業（△7万人）、金融業、保険業（△6万人）、製造業（△4万人）などは、相変わらず減少が続いている。

　女性の産業別雇用者数[16]は、2015年には、前期の2010年に第1位になった医療、福祉（578万人、23.4%）[17]が、さらにその割合を高め、総数の約4分の1も占めている。第2位は卸売業、小売業（495万人、20.0%）で、この2つの産業に女性雇用者が集中（43.4%）している。以下、第3位製造業（290万人、11.7%）、第4位宿泊業、飲食サービス業（206万人、8.3%）、第5位教育、学習支援業（152万人、6.1%）と続いている。各種サービス業が上位に並んでいる。

　一方男性の場合は、第1位製造業（694万人、21.9%）、第2位卸売業、小売業（468万人、14.8%）、第3位建設業（42万人、10.8%）、第4位運輸業、郵便業（259万人、8.2%）、第5位医療、福祉（172万人、5.4%）となっている。産業分類の変更により、製造業が再び第1位となった。男性労働者は、製造業、建設業、近年増加傾向にある運輸業、郵便業と、現場の肉体労働に多く従事している。と同時に、女性同様、卸売業、小売業や医療、福祉の増加もみられる。

〈失業の減少〉

　株高と公共事業、輸出や設備投資の増加に支えられて企業業績が回復・向上するとともに、前期の2010年以降みられた失業の減少が、今期も継続し、失業状況は大幅に改善した。2012年に285万人だった失業者は、2015年には222万人に63万人減少し、失業率も、4.3%から3.4%に低下した。そのうち女性は、2015年には失業者は88万人、失業率3.1%で、1995年（87万人、3.2%）の水準にまで回復し、男性も、同じく、134万人、3.6%で、

16）産業別分類が変更され、サービス業の分類は細分化されている。そのため、2012年の統計とは、直接的には比較できないことに注意を要する。

17）サービス業の分類が細分化された後、2010年に初めて、「医療、福祉」（483万人、20.7%）が「卸売業、小売業」（477万人、20.5%）を凌駕した。

1996 年（134 万人、3.4%）の水準にまで回復した。

〈雇用形態の悪化〉

雇用が増加し失業が減少したとはいえ、雇用形態は、男女とも、さらに悪化した。女性雇用者は、2012 年〜 15 年の間に 100 万人増加したが、正社員の増加はわずか 2 万人に過ぎず、ほとんどが非正規社員の増加（98 万人）であった。男性雇用者は同期間に 39 万人しか増加せず、正社員は 30 万人の減少、非正規社員のみ 68 万人増加した。前期の大不況期に比べると、改善したとはいえ、非正規のみの増加で、それも女性の 7 割程度という深刻な状況である。

この結果、雇用形態は、男女とも悪化し（2 ポイント程度）、女性の非正規社員の割合は 56.3%、男性のそれは 21.8% となった。

〈新規学卒者の就職状況〉

雇用の増加、失業の減少という雇用動向を反映し、新規学卒者の就職状況は、大きく改善した。新規学卒者の就職者割合は、2012 年には、前期で最悪の 2010 年に比べ若干（2.5 〜 5.6 ポイント）改善していたが、その傾向はその後も続き、2015 年には、短大卒女性は 80.0%、4 年制大卒女性は 78.5%、4 年制大卒男性は 67.7% と大幅に改善した。

その後も、企業業績の改善や団塊の世代など高齢者の大量退職などにより、人手不足に拍車がかかり、就職状況は改善されて「売り手市場」となっている。

企業は人手不足対策として、就職活動期間の前倒し、面接から内定までの期間の短縮、初任給の引き上げ、技能・能力の初任給への反映、転勤を考慮したキャリアコースの増設などさまざまな対応を図っている。将来的な人手不足を見越して、非正規社員の正社員化をはかる企業も出てきた。労働者の働き方や労働条件改善につながる対応策もあれば、企業の都合を優先した対応策もあり、混在している。

〈職場における雇用の男女平等の状況〉

アベノミクス期は、きわめて緩やかな経済成長（景気回復）のもとで、失業者数は減少したものの、非正規労働者のみが増加して正社員は増加せず、雇用形態がいっそう悪化している。このような雇用環境のもと、職場における雇用の男女平等は、一部で改善がみられるものの、全体的には後退ないし横ばいの状況である。職場で雇用の男女平等が進展するか否かは、今後のポジティブ・アクションの取り組み如何にかかっているといえそうである。

まず、新規学卒者の採用状況については、「男女とも採用」が、「4年制大卒　事務・営業系」で、約半分（49.6%　2014年）を占め、前期に比べ増加した。長期的にみても、長らく下回っていた1998年の水準（47.5%）を16年ぶりに上回り、ようやくの回復である。とはいえ、それでも約半分というのは低すぎるのではないだろうか（表II-1-20参照）。

その他の学歴や分野では、長期低落傾向ともいえる状況から抜けきれていない。とくに、採用者数で今なお一定割合を占める高校卒で、「男女とも採用」が低水準にとどまっている（事務・営業系で20.5%、技術系で20.0%）のは、問題である。

次に、労働者の職務配置状況をみると、「男女とも配置」が8割程度を占めるのは、「人事・総務・経理」と「販売・サービス」の2部門のみである。他の多くの部門は、6～7割台に低迷している。職務配置は、女性労働者の

表II-1-20　新規学卒者の採用状況別企業割合　　（単位：%）

		男女とも採用						
		1998年	2000年	2003年	2006年	2009年	2010年	2014年
4年制大卒	事務・営業系	47.5	43.8	45.4	37.9	43.7	45.8	49.6
	技術系	35.1	29.0	35.4	28.1	31.5	19.9	28.0
短大・高専卒	事務・営業系	31.0	23.7	34.5	6.5	13.2	8.3	15.2
	技術系	32.9	22.2	31.7	14.1	18.5	21.3	19.3
高卒	事務・営業系	29.1	29.8	35.6	20.1	25.3	37.3	20.5
	技術系	23.9	27.1	24.3	21.7	28.5	17.5	20.0

資料出所：厚生労働省「女性雇用管理基本調査」（1998年度～2006年度）、「雇用均等基本調査」（2009年度～2014年度）。

表Ⅱ－1－21　部門・配置状況別企業割合　　　（単位：%）

| | 男女とも配置 | | | | | | |
	1995 年	2000 年	2003 年	2006 年	2009 年	2010 年	2011 年
人事・総務・経理	89.3	86.6	85.1	84.2	83.9	83.6	83.6
企画・調査・広報	82.4	79.5	80.6	73.7	73.5	72.1	72.1
研究・開発・設計	67.9	66.1	70.1	67.8	63.5	60.3	60.3
情報処理	83.9	78.0	76.0	69.7	66.5	67.3	67.3
営業	58.3	62.0	61.5	59.0	57.8	60.3	60.3
販売・サービス	70.6	71.2	75.6	78.1	81.5	79.2	79.2
生産	72.6	72.9	72.5	75.1	73.0	72.4	72.4

資料出所：厚生労働省「女性雇用管理基本調査」（1998 ～ 2006 年度）、「雇用均等基本調査」（2009 年度～）。

職域拡大や将来の昇進・昇格にも関係しており、雇用平等の実現にとり重要な課題であるが、それがいっこうに改善されていない。

「営業」は、もともと「男女とも配置」は少なく、「男性のみ配置」の多い部門である。20 年近くかけて改善したのはごくわずか（＋ 2 ポイント）であり、依然低水準（1995 年 58.3 ％→ 2011 年 60.3 ％）にとどまっている。一方、もともとは「男女とも配置」が 8 割を超えていたにも関わらず、大幅に後退したのが、「企画・調査・広報」（82.4 ％→ 72.1 ％）と「情報処理」（83.9 ％→ 67.3 ％）である。「研究・開発・設計」は、「営業」と同様、もともと「男性のみ配置」の多い部門であったが、「男女とも配置」は改善されるどころか、後退した（67.9 ％→ 60.3 ％）。

このように、職務配置の男女平等は、長年かけて多くの部門で後退し、一定の改善がみられたのは「販売・サービス」（70.6 ％→ 79.2 ％）部門のみである。

育児休業制度についてみてみると、前期には目立った改善があったが、この時期はほぼ横ばいである。そのなかで唯一ともいえる改善が、男性の育児休業取得者が、初めて 2 ％台（2012 年度 1.89 ％→ 2015 年度 2.65 ％）になったことである。女性の育児休業取得者の割合は、前期並み（81.5 ％ 2015 年以下同じ）である。育児休業制度の規定のある企業の割合は微増（73.1 ％）

し、勤務時間の短縮等の措置も、前期並み（57.8％）である。

　それに対し、女性管理職については、この時期は増加テンポが前期に比し少しアップした。役職者に占める女性の割合が、「係長級」では15％を超え、「課長級」や「係長級以上」（「部長級」＋「課長級」＋「係長級」）でも約1割となった。

　「係長級」は、すでに2000年代初頭に10％を超えていたが、2015年には再度15％を超えて17.0％になった。また「課長級」も初めて約1割（9.8％）となった。その結果、「係長級以上」が再び10％を超えた。「部長級」（6.2％）や「部長級以上」（8.7％）は、まだ10％に届かない。

　このように、アベノミクス期は、「係長級」に続き「課長級」でも女性管理職の割合が約1割になる改善がみられた。とはいえ、この水準は、世界的にみればきわめて低いし、なにより2020年までに女性が責任ある指導的地位の30％を占めるという国家目標の達成は、とうていおぼつかない状況である。

　ところで、この時期注目されるのは、ポジティブ・アクションへの企業の取り組みが大幅に増加したことである。ポジティブ・アクションに取り組む企業の割合（「既に取り組んでいる」）は6割近く（57.1％　30人以上規模　2014年。「今後取り組むこととしている」と合わせると74.3％）となり、2012年（32.5％）の2倍近くとなった[18]。企業の参加は短期間に急増した。政府の成長戦略（2013年）に「女性の活躍」が位置づけられ、「女性活躍推進法」の制定が視野に入ってきたことと関係していると思われる。

　企業が女性の活躍を推進するうえで必要な取り組みと考えている事項（2014年度）は、2012年度とほぼ同じである。「女性の継続就業に関する支援」（67.3％）、「公正・透明な人事管理制度・評価制度の構築」（41.9％）、「研修機会の付与」（38.1％）、「ワーク・ライフ・バランスを促進させる取組み」（37.3％）などが上位を占めている[19]。全体的に回答割合が増加しており、とくに「ワーク・ライフ・バランスを促進させる取組み」は大幅に（13ポイント）増加した。長時間労働を是正し、効率的な働き方への転換

18）以上の数値は、厚生労働省「雇用均等基本調査」（2014年度）による。

19）同上。

の必要性の認識が、一定程度広まったといえよう。

　この女性活躍の推進に必要な取り組みの回答を念頭におきながら、ポジティブ・アクションの具体的な取り組み事項をみてみよう[20]。回答がもっとも多かったのが、「人事考課基準を明確に定める」（68.0％　30人以上規模2013年度）である。「出産や育児等による休業等がハンディとならないような人事管理制度、能力評価制度等の導入」（52.0％）と合わせ、人事管理面の公平性の見直し・改善にもっとも力を入れようとしていることがわかる。女性労働者の相談・訴えや裁判の成果を反映した「均等法」の「指針」に対応するものであろう。

　また「パート・アルバイトなどを対象とする教育訓練、正社員・正職員への登用等の実施」（55.9％）も多く、「短時間労働者の雇用管理の改善に関する法律」（以下、「パートタイム労働法」と略す）の改正をふまえて、女性の多いパートタイマーの雇用・労働条件の改善も注目される。

　さらに「職場環境・風土の改善」（43.6％）、「働きやすい職場環境を整備」（41.0％）は、「仕事と家庭との両立のための制度を整備し、制度の活用を促進」（39.4％）とともに、女性の継続就業に資するものであろう。

　しかし問題は、女性の活躍促進に欠かせない重要事項への取り組みが多いとはいえないことである。例えば、「女性がいない又は少ない職務について、意欲と能力のある女性を積極的に採用」（46.6％）や「女性がいない又は少ない職務・役職について、意欲と能力ある女性を積極的に登用」（38.7％）は、40〜45％程度にとどまっている。

　またそのために必要な「女性がいない又は少ない職務・役職に女性が従事するため、教育訓練を積極的に実施」（20.6％）にいたっては、相変わらずかなり少ない。これは女性の活躍推進に必要な取り組みとして、「研修機会の付与」（38.1％）が上位にあったことと照応していない。「人材育成の機会を男女同等に与えること」（27.5％）は、そもそも必要性の認識も低い。

　ポジティブ・アクションの取り組みとして、「企業内の推進体制の整備」（33.7％）が一定増加したものの、この割合も依然低いことと併せて考える

---

20) ポジティブ・アクションの具体的な取り組み事項に関する数値は、厚生労働
　省「雇用均等基本調査」（2013年度）による。

と、企業のポジティブ・アクションへの取り組みは、まだまだ弱いといわざ
るを得ない。公平な人事管理制度の導入は、もちろん必要であるが、それと
ともに、女性の採用・登用・教育訓練や推進体制の整備にも力を入れなけれ
ば、雇用の男女平等は改善されない。

　以上みてきたように、職場における雇用の男女平等の進展は、一部かつ
わずかに限定されている。これは働く女性の実感とも照応している。『日本
経済新聞』の「働く女性2000人意識調査」（2017年12月実施　女性正社員
20〜50歳代）[21] によると、2013〜2017年の間に職場における「女性活躍」
の取り組みの進展を実感した女性は、おおよそ20〜25％である。実感した
割合がもっとも高いのは20歳代で25％、逆にもっとも低いのは40歳代の
17.6％となっている。実感していないのは、おおよそ50〜65％であり、実
感した人の2〜3倍に上っている。子どものいる人や管理職で、実感ありの
割合が一定高くなっている。

　彼女たちが女性活躍の進まぬ理由としてあげているのは、「男性中心の企
業の組織風土」、「育児とキャリアアップを両立できる環境が未整備」、「男性
は仕事で女性は育児という性別役割分業意識」、「男性の家事・育児への不参
加」、「長時間労働を是とする働き方」などである。

　他方、女性活躍を推進している企業の取り組みとして紹介されているのは、
ダイバーシティ（人材の多様性）を経営の重点課題として本気で取り組むこ
とや、さまざまなキャリア段階に応じた成長機会を提供できるように人事制
度を見直し、企業全体のキャリアアップ志向を醸成することである。

　企業における女性活躍の阻害要因は、指摘されて久しいにも関わらず、
いっこうに改善されていない。それをくつがえす本気の取り組みが多くの企
業に広がりかつ持続されれば、日本企業における雇用の男女平等も改善され
てくるであろう。企業のポジティブ・アクションに対する本気の取り組みが
求められる。

　1995年の日経連の『新時代の「日本的経営」』の発表以来、新規学卒者も

---

21)『日本経済新聞』2018年1月15日付および1月22日付。

含めて、非正規化の波が怒濤のごとく押し寄せてきた。非正規化は、企業にとっても、熟練の継承や「愛社精神」の養成、ひいては労働生産性の向上にマイナスになっている。労働者にとっては、雇用の安定や労働条件の改善を妨げ、ひいては結婚など家族形成や人生設計に支障をきたしている。少子化はいっこうに改善されていない。

一方、減少する正社員は、より重い責任を課され、過大な労働負担に長時間労働を強いられている。相変わらず過労死が多発している。雇用形態による労働者の分断は、正社員にも非正規社員にもマイナスに作用し、結局利益を手にしているのは、巨額の内部留保を蓄えている大企業という構図である。

雇用の男女平等政策により、「均等法」「育児休業法（育児・介護休業法）」「パートタイム労働法」が制定・改正され、さらに「女性活躍推進法」も制定された（2015年8月）。こうした法整備により、職場でも雇用の男女平等が、少しずつ改善されてきた。

とはいえ、日本企業の人権感覚は鈍感で、遵法意識も弱い。日本企業は、女性労働者に対し、非正規化を急速に進めるとともに、正社員に対しても基幹労働者として管理職に登用しようとする姿勢はきわめて弱い。あくまでも女性を二流・三流の労働力にとどめようとしている。

このような『新時代の「日本的経営」』は、すでに破綻している。先進国で唯一賃金が長期低下傾向にあり、経済成長も弱く、男女平等度も異例に低い。経済指標・人権指標ともに、日本の企業経営の問題点が、端的に示されている。

今こそ、1990年代から急速に展開された新自由主義的経済運営を反省し、国連の提唱する「持続可能な開発目標」（SDGs）の実現に転換することが求められる。適正な労働条件と安定した雇用の保障、適正な労働分配率への引き上げなど労働者の権利を実現すれば、社会保障制度の維持・改善にも資するし、なにより中間層の維持・拡大につながって、日本経済の内需を拡大し、安定的経済運営をもたらすはずである。

またグローバル時代にふさわしく、世界が共有する男女平等社会の実現に向けて、その基軸ともいうべき「女性差別撤廃条約」をふまえた、新しい企業社会を実現していく必要がある。

人件費の削減のために荒々しい権力の濫用に邁進するのではなく、労働者の権利や男女平等を実現し、企業の社会的責任（CSR：corporate social responsibility）を果たしながら適正な利益を出せるまっとうな労働社会に転換する必要がある。

2．労働力供給側＝女性労働者側の要因

　女性労働の変貌の要因を、次に労働力供給側である女性労働者側からみてみよう。それは、①戦後の生活様式の変化・高度化とそれに伴う生活費の上昇、②生活様式の変化がもたらす家事・育児労働の軽減とそれに伴う就業のための時間的余裕の創出、③1970年代後半からの女性の社会参加・職場進出意欲の高まりである。

① 生活様式の高度化と生活費の上昇

高度経済成長期以降の生活様式の大変化
　戦後の高度経済成長は、日本の生活様式を劇的に変化させた。それは一言でいうと、快適で文化的な生活様式の実現と生活水準の上昇である。この快適で文化的な生活様式は、各種耐久消費材の急速な普及と高学歴化に象徴される。
　まず各種耐久消費財の普及についていえば、1950年代末〜1960年代半ばにかけて、わが国の歴史上初めて、家庭電化製品がセットで各家庭に普及していった。白黒テレビ、電気洗濯機、電気冷蔵庫、電気炊飯器、電気掃除機などである。それらが家庭生活、とくに家事労働を激変させたのである。もっとも代表的なものは、電気洗濯機と電気炊飯器であろう。
　電気洗濯機が導入されるまでは、各家庭の主婦は、盥に水をためて洗濯物を浸し、洗濯板に1枚ずつ乗せては石鹸をつけて手でごしごし洗っていた。水汲み作業や洗濯作業は、まさに重労働であった。それに対し電気洗濯機で

は、洗濯物を浴槽に入れて洗剤を入れれば、あとはボタンひとつ押すだけで、洗濯機が主婦に代わって洗濯してくれるのである。これほど楽なことはない。このように便利な家庭電化製品がひとつ、またひとつと導入されるに伴い、主婦の家事労働負担は、軽減されていったのである。

　便利で快適な家電製品は、当初主婦にとっては憧れのぜいたく品であったが、近代化の波にのり、また「消費の社会的強制」によって、急速に全国に普及していった。そして次第に生活になくてはならない必需品になっていったのである。

　これらの電化製品は、1960年代後半に入ると買い換えの時期を迎える。そのときには電化製品は大型化し、高級化していった。2漕式洗濯機は全自動に代わり、白黒テレビは大型のカラーテレビにとって代わった。また自家用車も普及し始め、電化製品とは比べものにならないほど高額の耐久消費財が求められるようになっていく。カラーテレビ、クーラー、マイカーのいわゆる3Cは、1960年代後半からの憧れの生活用品の象徴となった。

　さらに、大都市近郊では、集団就職で増加した若者家族向けの住宅として「団地」が造成された。若者は高層集合住宅の一画を"マイホーム"として取得するようになった。ダイニングキッチン、水洗トイレ、ベランダなど従来にはない近代的住宅は、豊かさの象徴であり、憧れの対象であった。マイホームは、自家用車の何十倍もする高額耐久消費財であり、若者が現金で取得できる代物ではない。そこで、若者にも取得できるように"住宅ローン"という新しい購入方法が導入された。それは、何十年にもわたりローン返済にしばられることを意味した。

　他方、人々の教育水準も、近代化・科学技術の発展とともに向上していった。1960年代には高校への進学が普及・一般化し、準義務教育化した。1970年代に入ると男性の大学進学が一定程度普及した。さらに1990年代になると、女性も含めて、若者の大学進学が一般化し、現在では若者の半分以上（女性56.5％、男性57.0％　2014年）が大学に進学している。大学院への進学も、男性では15〜16％、女性でも6〜7％となっている。

　このようにわが国では、生活様式が急速に変化し、高度化していった。この変化を促進した要因に、「消費の社会的強制」がある。アメリカで実証さ

れたように、テレビを中心としたマスメディアの宣伝効果は抜群であった。人々はマスメディアを利用した宣伝に魅了され、それほど必要でないものでも消費欲望を喚起されて購入してしまう。持っていないことが貧しいことのように思わされてしまうのである。また日本人は、ことのほか横並び意識が強い国民であり、お隣や世間の動向に流されてしまうことも原因であった。

　マスメディアの宣伝と横並び意識が、人々に消費を「強制」させ、高度化した生活様式が、世間並みの生活様式として受容＝強制され、浸透していったのである。

生活費の上昇と夫・父親の賃金との乖離

　いずれにせよ、日本では、1960年代の高度経済成長期以降現在にいたるまで、次々と新しい耐久消費財が開発・販売され、あわせて高学歴化が進行した。高度経済成長期から始まる現代の生活様式は、当然のことながら、多額のお金が必要となり、家計の出費は増加の一途をたどった。この出費を担うのは、夫や父親たる男性である。戦後成立した性別役割分業の近代家族のもとでは、一家の収入の担い手は夫や父親であったからである。男性の大多数がサラリーマンとなったため、彼らの賃金水準が、高度化する生活様式の実現を左右する要因であった。

　賃金を引き上げる主たる方法は、会社内の出世（昇進・昇格）と、春闘による賃金の引き上げ（ベース・アップと定期昇給）である。昇進・昇格は、企業内で評価される労働者の職業能力や地位の向上を意味しており、昇給をもたらす。サラリーマンのほとんどは、この昇進・昇格による昇給をめざして、出世競争にまきこまれていく。

　もうひとつの賃金引き上げ方法である春闘は、労働者全員の賃金を引き上げる。賃金は、職種・等級・学歴・勤続年数などにより決まり、それらを組み合わせた賃金額の一覧表が「賃金表」である。ベース・アップは、既存の賃金表の金額がいっせいに引き上げられることをいい、定期昇給は、個々の労働者への賃金表の適用が、1ランク上がることをいう。春闘の賃金引き上げは、ベース・アップと定期昇給を合計したものである。

　高度経済成長期には、春闘による賃金の引き上げ率が年率10〜15％で

あったが、1975（昭和50）年以降は、半分以下に低下し、停滞した。さらに1990年代以降はポスト（管理職）も減らされ、2000年代以降は、賃上げ率もほとんど2％未満である[22]。夫や父親の賃金は、あまり上がらなくなったのである。

　生活様式の高度化に伴う生活費の上昇に、夫や父親の給料だけでは不足する場合、妻・母親が家計補助のため働きに出て、追加収入を稼ぐしか方法はない。当初は近代家族規範から抵抗があったであろうが、生活のため、とくに住宅ローンや子どもの教育費のために、妻・母親が働きに出るようになった。各家庭で生活様式の高度化を実現するという経済的必要性が、妻・母親のパート就労を拡大していった。

　その後、世界的な男女平等意識が高まると、女性も男性と対等に働き豊かな生活を求めようとする層も生まれてきた。家計補助ではなく、正社員として一人前の給料を稼ぎ、男性の収入とそれほど大きな開きのない女性たちが、一定程度出現してきた。そのなかには、DINKS（ディンクス：ダブルインカム・ノーキッズ）と呼ばれる夫婦も登場した。

　さらに1990年代以降の不況下では、夫・父親がリストラにあって、失業や賃金カットに直面することも多くなり、妻・母親が働きに出る機会が多くなった。なかには、彼らに代わり主たる家計維持者になる女性も少数ながら登場した。男性の雇用や賃金がもはや安定的ではないことを痛感して、共働きの必要性が実感されるようになった。

　このように時代の変化に対応してさまざまな形態をとりながら、高度化する生活様式の実現という経済的必要性に迫られて、未婚女性だけではなく、妻・母親の多様な共働きが拡大していったのである。

② 家事・育児労働の軽減による時間的余裕

　戦後の生活様式の変化は、未婚女性のみならず既婚女性の職場進出を容易

22）2002（平成14）年以降2013年まで、賃上げ率は1.63 ～ 1.99％、賃上げ額も5233円～ 6149円にとどまっている。2014年に、久かたぶりに賃上げ率2.19％、賃上げ額6711円に上昇した。

にする時間的余裕という新しい条件を生み出した。

　戦後の生活様式の変化は、すでに述べたような各種家庭電化製品のみならず、冷凍食品や惣菜、既製服などさまざまな家事労働を軽減ないし代替する商品を家庭に浸透させた。各種電化製品は家事労働の負担を大幅に軽減し、家事時間を短縮した。冷凍食品や惣菜も調理を簡略化ないし節約した。こうして、これらのさまざまな商品を購入・利用すれば、主婦も家事にしばられることなく、働きに出ることが時間的に可能になったのである。

　働きに出て収入を得たいと思っても、主婦に課せられた家事をこなすことができなければ働きに出ることはできないが、家事労働の軽減をもたらす各種商品の利用は、就労のための時間的余裕を生み出したのである。

　さらにもっと大きな変化が育児労働の軽減である。戦後の出生率の低下は、育児繁忙期間（第1子出産〜末子小学校入学）を大幅に短縮した。出生率は戦前から戦後直後は4〜5人であったが、1950年代前半にほぼ半減し、その後長らく2人程度で安定していた。それが、1970年代半ばから再度低下し始め、1989（平成元）年の1.57ショックを経ても合計特殊出生率の低下はやまず、2005年には1.26と過去最低を記録した。その後反転し少し上昇したが、2013年1.43、2014年1.42という水準である。現在でも少子化は基本的に変わっていない。

　その結果、女性のライフスタイルは変貌を遂げた。例えば、戦前の1905（明治38）年生まれの女性は、5人の子どもの出産・育児のために育児繁忙期間が約20年間（20歳代半ば〜40歳代半ば）と長期にわたっていた（出産期間は12.5年）。その後仮に55歳まで働けたとしても10年ほどしかなく、さらにその後の死亡（63.5歳　平均寿命）までの老後生活の期間も9年弱と短かった。

　それに対し戦後の1959（昭和34）年生まれの女性は、出生率が半分に低下したため、育児繁忙期間は約9年と半分以下に短縮した（出産期間は2.4年）。一方、平均寿命の延びにより、育児繁忙期間終了後の人生は約半世紀（46年余）もある。若くして（30歳代半ば）育児繁忙期間を終了し、60歳まで働けるとして25年、その後の死亡までの老後生活も21.4年と長い人生が待っている。現在抱えている住宅ローンや教育費の支払い、そして長期化

する老後生活への備えという生活課題を考えると、残された約半世紀の一部を就労にあてて収入を得たいと思うのは、自然である[23]。戦後の生活様式の変化は、世間並みの生活の実現や老後生活の安心・安定のために就労を希望する女性に対し、働きに出ることのできる時間的余裕を生み出したのである。

③ 女性の社会参加・職場進出意欲の高まり

　日本の女性にとって、1960 ～ 70 年代までは、"女性は結婚すれば妻や母親の役割を果たすのが当然"であり、"結婚は女の幸せ"という社会通念が支配的であった。しかし 1975（昭和 50）年の国際女性年から始まる世界的な女性差別撤廃運動の影響により、日本でも 1970 年代後半からは次第に、"女性も仕事をもって経済的に自立し、男性と対等平等な関係を築きたい"と考える女性が増加していった。

　1990 年代になると「女性も結婚・出産・育児に関係なく仕事を続けたほうが良い」と考える人が、男女とも急増し、2000 年代に入ると、それが女性の就業パターンの希望で最多になった。女性のみならず男性も、女性の働き方の変化を希望するようになったのである。

　1975 年に始まる国連主導の女性差別撤廃運動は、第 1 回世界女性会議以来、男女平等とは「女性の社会参加」であり、そのためには「性別役割分業の撤廃が不可欠」と主張してきた。法律上の男女平等規定や男女差別の禁止規定だけでは、実際の男女平等が実現しないことは、戦後の経済発展に伴う女性の職場進出が証明していた。

　次にめざすべき男女平等社会とは、男女がともに社会参加し職業をもって自立すると同時に、家庭では男女が協力して家事・育児を担うことのできる社会である。世界はこのような社会の実現に同意したのである。世界の多くの国・自治体・地域で、変革が広がっていった。

23）1974 年生まれで 2002 年に結婚した女性のライフサイクルモデルでは、育児繁忙期間は 1959 年生まれとほぼ同じ（8.8 年）であるが、晩婚化・晩産化のため、末子就学後に 60 歳まで働ける期間は数年短縮している。それとは反対に、死亡までの老後生活期間は、数年伸びている。

第2章　女性労働の変貌の要因　99

　このような世界的男女差別撤廃運動とは別に、日本ではそれ以前から、雇用差別撤廃のための取り組みがなされてきた。1960年代までの日本の職場は「男社会」であり、女性は「若年・未婚・短期」型の補助的労働が主流であった。それゆえ女性は職場で長く働くことさえも困難を伴った。女性たちは、それを雇用差別と訴え、一つひとつ裁判を通して是正していき、女性が働きやすく、能力を発揮できる職場に変えてきた。こうした雇用機会や処遇の男女平等を求める運動が、日本の法制度の整備・改善をもたらしてきたのである。

　日本の女性たちの地道でねばり強い雇用平等を求める運動と、世界的な男女差別撤廃運動の取り組みが一体化し、1970年代後半から日本の女性たちも広く社会参加や職場進出の意欲を高めることとなったのである。

第 3 章

◎

男女別賃金格差
——女性労働者の職業的地位

1．男女別賃金格差の実態
——国際比較からみた異常な低さ

　第1章でみたように、日本の女性労働者の量的拡大はきわめて著しいが、それに見合う質的改善は、遅々として進んでいない。雇用の質とは、労働者に提供される仕事の内容、職業等級や地位、賃金などのことである。これらの仕事の中身・水準が、今なお男女で大きく異なっており、男女の職業的地位の格差が大きい。これは、男女別賃金格差（男性の賃金を100として女性の賃金を指数で示したもの）をみれば、一目瞭然である。男女別賃金格差そのものは、他の先進国でもみられるが、格差の水準が桁はずれに大きく、まさに異常な低さというべき状況にある。これが労働力の女性化のネガティブな側面である。

　本章では、日本の男女別賃金格差の実態をみ、それが直接的・明示的な男女別賃金格差だけではなく、雇用形態や就業形態により重層化されていることを指摘する。また、国際比較をして、他の先進国に比べ格差が異常に大きいことと、あわせてその構造的原因についても指摘しておきたい。

　日本の代表的な賃金統計には、厚生労働省が作成している「毎月勤労統計調査」と「賃金構造基本統計調査」（賃金センサス）がある。前者は、その名のとおり毎月、統計結果が発表されるとともに1年間の平均もまとめられている。とりわけ特徴的なのは、フルタイマーとパートタイマーの賃金が合算されていて、雇用の実態に見合う賃金水準が報告されてきたことである。

　それに対し、後者は、毎年6月に調査が行われる大規模な統計であり、フルタイマーとパートタイマーは分けて集計されている。以下では、それぞれの統計資料を使って、男女別賃金格差の実態をみてみよう。

第3章　男女別賃金格差　　103

①「毎月勤労統計調査」からみた男女別賃金格差
——フルタイマーとパートタイマーを合わせた場合

　まず「毎月勤労統計調査」から、賃金水準や男女別賃金格差をみてみよう。表Ⅲ－1－1「常用労働者1人平均月間現金給与額」では、賃金について、「現金給与総額」、「きまって支給する給与」、「特別に支払われた給与」と区分されている。これらの名称について説明しておこう。

　「きまって支給する給与」というのは、「所定内給与（基本給プラス諸手当）」と残業代などの合計のことである。所定内給与とは所定内労働時間（通常の労働時間のことで、法律の範囲内で各企業が定めており、一定である）に対応する賃金のことであり、毎年の労使交渉で決定すると、毎月同額が支給される。所定内給与に含まれる手当には、通勤手当、家族手当、住居手当などがある。この所定内給与に、月々の残業代や出張手当などを加えたものが、きまって支給する給与である。

　特別に支払われた給与とは、賞与、ボーナスのことであり、日本では夏と冬の年2回支給されることが一般的である。近年の不況下では、賞与の減額や不支給も、躊躇されなくなってきている。

　現金給与総額は、きまって支給する給与と特別に支払われた給与（1カ月分）の合計である。これを12倍すると、年収となる。以上が、現金給与総額、きまって支給する給与、特別に支払われた給与の定義と相互の関係である。

　表Ⅲ－1－1によると、2008（平成20）年の日本の女性の賃金は、5人以上規模では、現金給与総額21.1万円、うちきまって支給する給与17.8万円、

表Ⅲ－1－1　常用労働者1人平均月間現金給与額（調査産業計）（単位 千円）

2008 （平成20）年	現金給与総額			きまって支給する給与			特別に支払われた給与		
	女性	男性	男女格差	女性	男性	男女格差	女性	男性	男女格差
5人以上規模	211	420	50.2	178	339	52.5	33（396）	81（972）	40.7
30人以上規模	239	472	50.6	197	369	53.4	42（504）	103（1236）	40.8

資料出所：厚生労働省「毎月勤労統計調査」2008年。
注：特別に支払われた給与の（　）内の数値は、年間に換算した数値。

特別に支払われた給与 3.3 万円（年間で 39.6 万円）である[1]。男性の賃金は、現金給与総額が 42.0 万円、うちきまって支給する給与が 33.9 万円、特別に支払われた給与が 8.1 万円（年間 97.2 万円）である。

したがって男女別賃金格差は、現金給与総額が 50.2、きまって支給する給与が 52.5、特別に支払われた給与が 40.7 となっている。特別に支払われた給与（賞与）の格差がきわめて大きいこと、女性の賃金は男性の賃金の約半分であるということがわかる。

なお事業所規模 30 人以上では、賃金水準がやや上昇するものの、男女別賃金格差については、ほとんど同じ水準である。ちなみに現金給与総額は、女性が 23.9 万円、男性 47.2 万円、男女別賃金格差は 50.6 であり、うちきまって支給する給与は、女性 19.7 万円、男性 36.9 万円、男女別賃金格差は 53.4 であり、特別に支払われた給与は女性が 4.2 万円（年間 50.4 万円）男性 10.3 万円（年間 123.6 万円）、男女別賃金格差 40.8 となっている。

この "女性の賃金は男性の賃金の約半分" という男女別賃金格差は、歴史的にみれば、1978（昭和 53）年までは改善され縮小してきていた。しかしその後逆戻りをし、2008 年には 1970 年の水準にまで後退している。

ちなみに高度経済成長が始まったばかりの 1960 年には、41.8 と格差はきわめて大きかったが、その後大幅に改善されて、1978 年には 56.2 まで縮小した。ところが、女性の雇用増加はパートタイマーを激増させたために、正社員中心の男性の賃金との格差が拡大し、1978 年以降男女別賃金格差は拡大してしまったのである（1960 年 41.8 → 1970 年 50.9 → 1978 年 56.2 → 1985 年 51.8 → 2000 年 49.0 → 2006 年 50.1 → 2008 年 50.2）。

---

1)『女性労働白書』や『女性労働の分析』の賃金資料（付属統計資料）として長年掲載されてきた「常用労働者 1 人平均月間現金給与額（調査産業計）」は、2008 年が最後であり、翌年からは「一般労働者のきまって支給する現金給与額及び所定内給与額の推移（企業規模 10 人以上）」に変更された。そのため、ここでは 2008 年の統計を掲載している。

②「賃金構造基本統計調査」からみた男女別賃金格差
—— 一般労働者の場合

　次に「賃金構造基本統計調査」（賃金センサス）から、男女別賃金格差についてみてみよう。この統計では、10人以上規模事業所に従事する「一般労働者」の賃金をみることができる。「一般労働者」とはフルタイム勤務の常用労働者（雇用期間が1年以上または無期雇用の労働者）のことであり、正社員が中心であるが非正規社員も含まれる。パートタイマーとは区別されている。

一般労働者の男女別賃金格差
　2016（平成28）年の女性一般労働者の「きまって支給する現金給与額」は26.3万円、うち「所定内給与」は24.5万円である。一方、男性の場合は、それぞれ37.1万円、33.5万円であり、いずれも男女で約10万円の開きがある。男女別賃金格差は、きまって支給する現金給与額で70.9、所定内給与で73.1であり、7割強となっている（正社員の場合、それぞれ73.1、75.1）。
　所定内給与の男女別賃金格差は、時系列的にみると、縮小し改善されてきている。1980（昭和55）〜1990年は約60％でほぼ同じ（1980年58.9、1990年60.2）であったが、その後2000年（65.5）までに約5ポイント縮小し、さらに2011年（70.6）までに再度5ポイント縮小した。2016年には過

表Ⅲ-1-2　一般労働者の男女別賃金格差（企業規模10人以上）（単位 千円）

	きまって支給する現金給与額			所定内給与			賞与			年収		
	女	男	格差	女	男	格差	女	男	格差	女	男	格差
一般労働者	263	371	70.9	245	335	73.1	—	—	—	—	—	—
うち正社員・正職員	282	386	73.1	262	349	75.1	754	1153	65.4	4138	5785	71.5
うち正社員・正職員以外	201	261	77.0	189	235	80.4	145	252	57.5	2557	3384	75.6

資料出所：『女性労働の分析 2016年』26ページ、27ページ、187ページより作成。
原典：「賃金構造基本統計調査」2016年。

去最高を更新し、73.1 となっている。

　次に賞与をみてみよう。正社員の場合、年間で女性は 75.4 万円、男性は 115.3 万円であり、男女別賃金格差は 65.4 である。所定内給与やきまって支給する給与と比べ格差が大きいことがわかる。非正規社員の場合は、女性 14.5 万円、男性 25.2 万円であり、男女別賃金格差は 57.5 である。非正規社員の場合、正社員と比べ、賞与の額がきわめて少ないうえに、男女別賃金格差も正社員より大きい。

　以上の結果、年収をみると、正社員の場合、女性が 413.8 万円、男性が 578.5 万円であり、男女別賃金格差は 71.5 となる。賞与の男女別賃金格差が大きいために、年収の男女別賃金格差は、月々の賃金と比べ、少し拡大している。

　非正規社員の場合、女性が 255.7 万円、男性が 338.4 万円であり、男女別賃金格差は 75.6 となる。正社員と比べ、年収はかなり少ないが、男女別賃金格差はやや小さいことがわかる。

2. 雇用形態別・就業形態（労働時間）別賃金格差

① 雇用形態別賃金格差

　一般労働者には、正社員と非正規社員が含まれるが、その賃金水準には大きな開きがある。また女性労働者の場合、パートタイマーも含めた総数では、2003（平成 15）年より非正規労働者が正社員を上回っており、雇用形態別賃金格差の影響をより強く受ける。そこで、ここでは、雇用形態別賃金格差についても、みておくことにしよう。雇用形態別賃金格差とは、正社員の賃金を 100 とした場合の非正規社員の賃金の指数のことである。

　所定内給与の雇用形態別賃金格差は、女性の場合、正社員が 26.2 万円、非正規社員が 18.9 万円で、72.1 である。男性の場合は、正社員が 34.9 万円、非正規社員が 23.5 万円で、67.3 である。一般労働者の男女別賃金格差と比べ、雇用形態別賃金格差のほうが格差が大きく、とくに男性の場合大きくなって

第 3 章　男女別賃金格差　　107

表Ⅲ－2－1　雇用形態別賃金格差　　　　　（単位 千円）

	女性			男性		
	正社員	非正規社員	賃金格差	正社員	非正規社員	賃金格差
所定内給与	262	189	72.1	349	235	67.3
きまって支給する給与	282	201	71.3	386	261	67.6
賞与	754	145	19.2	1153	252	21.9
年収	4138	2557	61.8	5785	3384	58.5

資料出所：『女性労働の分析 2016 年』、26 ページ、27 ページ、187 ページより作成。
原典：厚生労働省「賃金構造基本統計調査」2016 年。

いることがわかる。ちなみに賃金額の差は、女性で 7 万円強、男性だと 11 万円強にもなる。

　きまって支給する給与の雇用形態別賃金格差は、女性で 71.3（正社員が 28.2 万円、非正規社員が 20.1 万円）であり、男性は、67.6（正社員が 38.6 万円、非正規社員が 26.1 万円）である。所定内給与の賃金格差とほぼ同じである。

　賞与の雇用形態別賃金格差は、女性の場合、正社員が年間で 75.4 万円であるのに対し、非正規社員が 14.5 万円しかなく、19.2 である。男性の場合も、正社員が 115.3 万円であるのに対し、非正規社員が 25.2 万円しかなく、21.9 である。賞与の雇用形態別賃金格差はことのほか大きく、非正規社員は正社員の約 5 分の 1 しかもらえていない。一般労働者の男女別賃金格差でも、賞与の格差は月々の給与の格差より大きかった（正社員で 65.4、非正規社員で 57.5）が、これほどまでではない。すさまじい格差である。

　以上の総計として、年収の雇用形態別賃金格差は、女性の場合、正社員が 413.8 万円に対し、非正規社員が 255.7 万円で、61.8 であり、男性の場合、正社員が 578.5 万円に対し、非正規社員が 338.4 万円で 58.5 である。女性は 6 割強、男性は 6 割弱で、格差は女性のほうが男性よりやや小さい。

② 就業形態（労働時間）別賃金格差と重層的賃金格差

　これまでみてきたように、一般労働者の男女別賃金格差は、同じ雇用契約

にある男女労働者の間で、賞与を除けば、7割台である。正社員同士で7割台前半（72～75）、非正規社員同士で7割台後半（76～80）である。男女別賃金格差は、正社員のほうが非正規社員より大きいことがわかる。ただし賞与は別で、男女別賃金格差もより大きく、非正規社員（58）のほうが正社員（65）より大きい。

また雇用形態別賃金格差は、賞与を除けば、女性はおおよそ6割台（62～72）、男性は6割前後（59～67）であり、男女別賃金格差より大きいことがわかる。女性よりも男性のほうが大きい。また賞与の格差はきわめて大きく、わずか5分の1（女性19、男性22）である。

ところで、賃金格差には、さらにもう一つ大きな要因があり、それが就業形態（労働時間）別賃金格差である。パートタイマーとフルタイマーとの間の賃金格差である。女性パートタイマーの1時間当たり賃金は1054円（2016年）である。これは、女性正社員の66％、男性正社員の50％である。正社員の1時間当たり賃金は、所定内給与額÷所定内労働時間で計算すると、女性正社員は1607円、男性正社員は2115円となる。女性パートタイマーの1時間当たり賃金（1054円）は女性フルタイム正社員のそれ（1607円）の66％である。これは女性フルタイマー同士の雇用形態別賃金格差（72.1 所定内給与）よりも少し大きい。つまり、賃金水準は、さらに引き下げられたのである。

しかも、女性労働者の構成は、正社員とパート・アルバイトがほぼ同数である。2016年の場合、正社員が1078万人、44.1％であるのに対し、非正規のパートタイマーが1074万人、43.9％（非正規のフルタイマーは12％）である。つまり、もっとも低賃金のパートタイマーが、正社員と並び、女性労働者の一大グループとなっているのである[2]。

こうして、女性労働者は、次のような重層的賃金格差のもとにある。まず

2）女性パートタイマーは、1990年には女性正社員の半分強（55.6％）であったが、2001年以降は8割台、2011年以降は9割台に比重を高め、2014～15年にはついに女性正社員を上回った（女性パートタイマー1042万人、44.3％に対し、女性正社員1020万人、43.4％。2014年）。2016年はほぼ同じ（女性正社員の99.6％）である（「雇用形態別役員を除く雇用者数の推移」『女性労働の分析 2016年』147～148ページ、『女性労働の分析 2008年』130～131ページ）。

年収でみてみると、女性正社員は、男女別賃金格差により、男性正社員の賃金の 71.5% である。

次に女性非正規フルタイム労働者は、雇用形態別賃金格差により、女性正社員の賃金の 61.8% である。したがって、それは、男性正社員の 71.5% に対する 61.8% であるので、男性正社員の 44.2% ということになる。

女性パートタイマーの年収は、月収 9 万 2731 円（1 時間 1054 円 × 1 日 5.3 時間 × 16.6 日）× 12 カ月 + 賞与（38.9 千円）として計算すると、115.2 万円となる。実際は、これにその他諸手当が加わるのでもう少し多くなると思われる。しかしここではこの金額をもとに計算すると、女性パートの年収は、女性正社員の年収（413.8 万円）の 27.8%、男性正社員の年収（578.5 万円）の 19.9% となる

つまり、年収で比較すると、男性正社員を 100 として、女性正社員 72、女性非正規フルタイム労働者 44、女性パートタイマー 20 であり、男性非正規フルタイム労働者は 59 である（図Ⅲ－2－1 参照）。

次に同様に、所定内給与（1 時間当たり）で比較すると、男性正社員を

図Ⅲ－2－1　年収でみた重層的男女別賃金格差

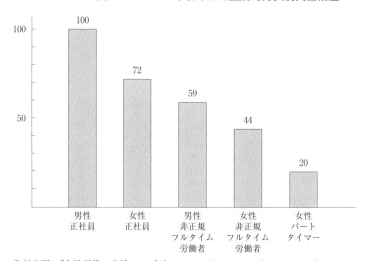

資料出所：『女性労働の分析 2016 年』、26 ページ、27 ページ、187 ページ、213 ページより作成。
原典：厚生労働省「賃金構造基本統計調査」2016 年。

100 として、女性正社員 75、男性非正規フルタイム労働者 67、女性非正規フルタイム労働者 54、女性パートタイマー 50 という水準である（図Ⅲ－2－2 参照）。

　このように、女性労働者は、直接的・明示的な男女別賃金格差だけではなく、女性であるがゆえに、非正規やパートタイマーとして働くよう誘導され、雇用形態別賃金格差や就業形態（労働時間）別賃金格差の重層的影響を受けて、賃金水準はいっそう引き下げられている。女性パートタイマーの低賃金は、男女別・雇用形態別・就業形態別の賃金格差が、三重に重層的に作用した結果である。しかも、この低賃金の女性パートタイマーが、いまや女性正社員と並ぶ一大勢力になっているのである。

図Ⅲ－2－2　所定内給与（1時間当たり賃金）でみた重層的男女別賃金格差

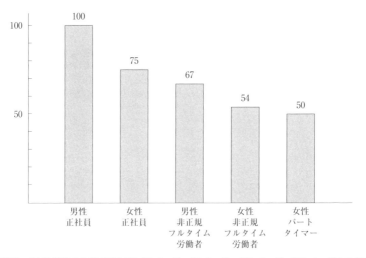

資料出所：『女性労働の分析 2016 年』26 ページ、27 ページ、187 ページ、213 ページより作成。
原典：厚生労働省「賃金構造基本統計調査」2016 年。

3. 男女別賃金格差の国際比較

　日本の男女別賃金格差は以上みたとおりきわめて大きいが、諸外国の場合

はどうなっているのか、国際比較をしてみよう。結論から先にいえば、先進国では8割台の国が多く、日本とは大きな開きがある。

　世界でもっとも男女別賃金格差の小さい国は、スウェーデン、フランス（ノルウェー、オーストラリア）などであり、85～90％の水準である（表Ⅲ－3－1参照）。スウェーデンは9割近くをほぼ維持しているし、フランスは2015（平成27）年に少し格差が開いたが、ほぼ8割台後半を維持している。北欧諸国は世界でもっとも男女別賃金格差の小さい国であるが、それでもまだ不当な賃金格差はないか、格差縮小に努めているといわれている。

　次いで格差の小さな国が、80％台のイギリス、アメリカ、ドイツである。イギリスは2000年代以降、8割強を維持している。アメリカは1960年代には6割以下であったが、さまざまな取り組みの成果で大幅に改善してきた。2000年代以降、ほぼ8割強を維持している。ドイツは2000年代には70％台であったが、2010年代に入り、8割台に上昇し、格差を縮小させている。こ

表Ⅲ－3－1　諸外国の男女別賃金格差

	2015 年	2012 年	2008 年	2006 年	2003 年
日本	72.2 （25.9）	70.9	67.8	65.9	66.8
アメリカ	81.1 （17.5）	80.9	79.9	80.8	81.0
イギリス	82.3 （17.4）	81.3	80.2	82.6	82.6
ドイツ	81.3 （17.1）	80.3	76.3	74.0	74.0
フランス	84.5 （ 9.9）	90.0	86.8	－	86.6
スウェーデン	88.0 （13.4）	86.0	89.0	88.4	88.4
韓国	67.6 （36.7）	69.8	63.1	62.6	62.6
オーストラリア	－ （15.4）	－	－	－	86.4
ノルウェー	－ （ － ）	－	－	－	86.8

資料出所：労働政策研究・研修機構『データブック　国際労働比較』各年版および内閣府『2007 年版男女共同参画白書』（第 1 －特－ 15 図）22 ページより。
注：年次は国によって違うこともある。なお 2015 年の欄の（　）内の数値は、「フルタイム労働者の中位所得における男女賃金格差」（男女の中位所得の差を男性中位所得で除した数値）2014 年である（労働政策研究・研修機構『データブック 国際労働比較 2018』より）。

のように、先進国では現在80%以上となっている。

　それに対し、日本は2000年代には60%台後半であったが、2010年代に入り7割台に上昇してきたところである。お隣の韓国は、2000年代の60%台前半から、2010年代に60%後半にまで上昇してきた。

　このように、日本の男女別賃金格差は、先進国のなかではかなり大きいことがわかる。しかも、この男女別賃金格差は、一般労働者のそれであり、女性労働者の4割強を占めるパートタイマーの賃金は、対象外である。パートタイマーを含めると、男女別賃金格差は表Ⅲ－3－1よりもさらに拡大する。

　それに対しヨーロッパでは、賃金は仕事を基準に1時間当たりで決められ（賃率）、フルタイムとパートタイムという労働時間の相違や、無期雇用か有期雇用かという雇用形態の相違で、賃金に格差はないといわれている。

　では、日本の本当の男女別賃金格差は、どれくらいであろうか。日本の女性労働者は、所定内給与で、男性正社員の75%の女性正社員（年収では72%）が44.1%、男性正社員の50%（年収では20%）の女性パートタイマーが43.9%、男性正社員の54%（年収では44%）の女性非正規フルタイマーが12%で構成されている。男性も同様に加重平均すると（男性労働者は、正社員が77.9%、所定内給与で男性正社員の53.6%〈年収では20.6%〉のパートタイマーが11.0%、男性正社員の67%〈年収では59%〉の非正規フルタイマーが11.0%の構成である）、女性労働者の賃金水準は、所定内給与で男性の67%（年収で53%。男性正社員比では、それぞれ62%、46%）というのが実態である（以上の数値は2016年）。このように、日本の男女別賃金格差は、先進国として、まさに異常に大きいといえよう。

　なお賃金総額（1時間当たり賃金〈2006年〉×労働時間〈2008年〉×就業者数〈2008年〉で計算）の男女間格差では、北欧諸国（フィンランド、スウェーデン、デンマーク）でも66～68%であり、賃率でみた男女別賃金格差を大幅に下回る。とはいえ、日本は36.6%とその半分強程度でしかない。

　以上みてきたように、男女別賃金格差は、どこの国でもみられる共通した現象であり、女性労働者の職業的地位が男性に比し低いことは共通している。とはいえ、他の主要先進国では8割台（さらには8割台後半）であるのに対し、日本は、一般労働者でようやく7割台に上昇したところであり、さらに

第3章 男女別賃金格差　113

女性パートタイマーを含めると所定内給与で約3分の2（年収で半分強）に
とどまる。つまり、日本は他の先進国と比べ、男女別賃金格差が特別に大き
く、異常ともいえるほどである。その意味で、日本の女性労働者の職業的地
位の低さは、他の先進国とは異質の際立った低さであることに注意する必要
がある。

4. 男女別賃金格差の構造的原因

　日本の男女別賃金格差は、先進国としては異常ともいえる大きさであるが、
その原因はいったい何であろうか。構造的な原因として重要なものは、以下
の4点である。

① 男性正社員中心の雇用管理

　まず第1は、男性正社員中心の雇用管理が、依然として継続していること
である。日本の雇用制度の特徴である「日本的雇用慣行」は、「終身雇用」、
「年功序列賃金」、「企業別組合」を3種の神器としてきた。これらの要因を
もっとも享受できたのは、男性正社員、とくに大企業のそれである。彼らは、
定年までの長期安定雇用を前提に、長期的人材育成の対象となり、勤続を積
むにつれて仕事・地位・賃金の上昇を獲得してきた。大企業の社員であって
も女性は別扱いであり、中小企業の社員も大企業ほどの特典はないというの
が、この雇用慣行の特徴であった。

　その後1985（昭和60）年に「均等法」が成立し、従来の雇用管理が革新
されるかと期待された。しかし、非製造業系大企業を中心に「コース別雇用
管理」が導入され、男女別雇用管理が実質維持されることとなった。男性は
「総合職」のエリートコースに採用され、女性はほぼ「一般職」の万年平社
員コースに採用されることで、ほぼ従来通りの男女別雇用管理が踏襲される
こととなったのである。

　その結果、女性正社員は、ごく一部の総合職を除き、男性正社員とははっ

きり区別され、担当する仕事・人材育成・賃金・地位で明らかな差をつけられたのである。第4章でみる性別職務分離は、その結果である。もっとも時代が進み、ダイバーシティ（多様な人材の積極的活用）戦略を基本にすえる企業も登場し、「均等法」も改正されるなかで、一定の変化・改善もみられる。しかし欧米先進国との開きは明らかに大きい。雇用機会や処遇の男女平等をもっと大胆に進め、女性の登用を図っていかない限り、大きな男女別賃金格差は縮小しない。

② 女性再就職者は非正規

　第2は、日本が、再就職者（中途採用者）に対する雇用機会の平等がきわめて少ない国であるということである。女性は第1子出産で多くが退職し、しばらくして再就職するが、その際正社員となれる人は少ない。圧倒的に、パートタイマー、派遣社員、契約社員など非正規労働者である。これら非正規労働者の労働条件は、正社員に比しきわめて劣悪である。すでにみたように、フルタイマーであっても、非正規社員であるというだけで、大きな賃金格差（女性正社員を100として所定内給与で7割、年収で6割。女性パートタイマーだと、それぞれ66％、28％）がつけられる社会なのである。このように、出産・育児を理由にいったん仕事を中断すると、劣悪な労働条件への転落が待ち構えているのである。

　EUなどヨーロッパ先進国では、「同一価値労働同一賃金」原則や、パートタイマーとフルタイマーの「均等待遇」が活用され、女性労働者や非正規労働者の賃金格差是正・賃金引き上げに役立っている。日本でも、これらの原則の活用が望まれる。

③ 性別役割分業と仕事と家庭の両立の難しさ

　第3は、今なお日本で根強い性別役割分業（観）とそれと裏腹の仕事と家庭の両立の困難さという問題である。日本では、家事・育児を女性の仕事と考える人が多い。女性だけが担当すべきといえば女性でも反対者が多いだろ

うが、夫（男性）に求めるのは協力であって、対等な分担ではない。事実「自分で子育てしたい」というのが、第1子出産で退職する女性の考えである。出産休暇や育児休暇があっても、それでもやはり自分で子育てをしたいし、自分がしなければいけないと思い込んでいるのである。

また企業の長時間労働を体験してきた者にとって、仕事のうえに子育てでは無理と思うのも、ある意味当然なことではある。あるいは子育てのために夫が仕事を辞めるわけにはいかないなら、妻である自分が辞めるほかないと思ってしまう人も多い。

そのうえ、上司の男性社員に対する期待感が女性社員に対するのと異なると感じれば、労働意欲はそがれてしまうであろう。

性別役割分業観の根強い日本社会にあって、妊娠・出産・子育ては依然として女性の仕事・問題とされる一方、グローバル化でますます強まる競争に打ち勝つには、「一人前」に働けない女性の切り捨ては当然と思うようでは、企業に女性の居場所はない。

先進国にふさわしい国際労働基準を適用し、労働時間を短縮し、仕事と家庭の調和、ワーク・ライフ・バランスに取り組まない限り、女性労働者が安心して活躍できる場所はない。長時間労働を「美徳」と考える発想の転換がない限り、女性はいつまでたっても「二流労働者」扱いを変えることはできないであろう。

④ 低い最低賃金

第4に、男女別賃金格差をはじめ多くの賃金格差を大きくしている原因が、低い最低賃金である。日本の最低賃金制度の中心は、都道府県別最低賃金であり、全国をA～Dの4ランクに分けている。2016（平成28）年の場合、Aランクで最高の東京都で932円、Dランクに入る愛媛県は717円、全国平均で823円という水準である。1時間823円では、1日8時間、1カ月20日働いたとしても13万1680円にしかならない（愛媛だと11万4720円）。

これでは労働者の最低生活費はとうてい賄えない。事実最低賃金が生活保護費を下回ることもあった。最低賃金があまりにも低いために、賃金の引き

上げ・下支え機能が弱く、むしろ逆に、低賃金の非正規労働者を温存・容認する作用を果たしているともいえる状況である。

ちなみに他の先進国では、1時間当たり1000円以上、1100〜1300円くらいの水準にある。フランスではこのような最低賃金（全国一律最低賃金制）が、産業別最低賃金と連動して、賃金引き上げに効果を発揮している。またドイツでも、近年、全国一律最低賃金制度が作られ、低賃金労働者の賃金引き上げに効果を発揮している。

先進国で最低賃金が低いのは、日本とアメリカくらいである。しかし近年アメリカでは、州や市によっては、1時間当たり1000〜1500円に引き上げることに成功しているところもある。したがって先進国で相変わらず最低賃金が低いのは、日本くらいである。

最低賃金の引き上げは、地域の小零細企業のパート労働者の賃金引き上げをもたらし、新規学卒者の初任給の引き上げにつながるであろう。それは多くの労働者の賃金引き上げに影響をおよぼしていく。その結果、さまざまな賃金格差を縮小させ、それらの重層的作用を受けている男女別賃金格差の縮小をもたらすであろう。

現在労働組合の全国組織（連合や全労連など）は、最低賃金の目標として、1時間当たり1000円の実現、さらには1500円への引き上げを掲げている。国際的にみて、決して高すぎる目標ではない。労働者の最低生活費を保障し、さまざまな賃金格差を縮小し、男女別賃金格差を縮小するために、最低賃金を大幅に引き上げることは喫緊の課題である。

以上述べてきたように、性別役割分業を解消して、男女がともに仕事と家事・育児に取り組める社会を築くこと、雇用機会や処遇の男女平等をもっと促進すること、賃金については、最低賃金の大幅な引き上げと「同一価値労働同一賃金」の原則や「均等待遇」を活用して、男女別・雇用形態別・就業形態別賃金格差を縮小・廃止していくことが必要である。これらの取り組みに応じて、大きな男女別賃金格差が縮小していくであろう。

第 4 章

性別職務分離の現状と解消策

前章で述べた男女別賃金格差の原因は、いわば構造的・枠組み的要因ともいえるものである。そのもとで男女別賃金格差をもたらす就業上のいわば直接的な男女差、その主要なものが、性別職務分離（男女の担当する仕事の違い）と雇用形態（正規・非正規労働者）である。

私たちの社会では、男女で就業する産業や職業に大きな乖離がみられる。「男性向き」「女性向き」という仕事に関する慣行や社会通念が存続していること、また平等な雇用機会が積極的に開拓されてこなかったことなどが大きく影響し、男女で就業分野が異なっており、あるいは就業上の地位が離れていて、それが男女の賃金に格差や差別を生んでいる。

また1970年代以降の経済のサービス化に加え、長期不況やグローバル化など産業構造や経済状況の変化は、とりわけ女性雇用に非正規化の影響をもたらしてきた。

そこで第4章と第5章では、男女別賃金格差に大きく関係するこの2つの問題を、みていくこととしたい。

1. 女性の職業と男性の職業

性別職務分離

女性の仕事と男性の仕事は大きく異なっていて、男性が体力を要する仕事や基幹的仕事、責任・権限のある仕事に就くことが多いのに対し、女性は人をケアしたりサービスを提供する仕事、比較的簡単で補佐的仕事に就くことが多い。このように、仕事・職業が性により分けられる現象のことを性別職務分離という。

① 女性の職業

この性別職務分離について説明する前に、まず女性がどのような職業に就いているのか、その実態を把握することから始めよう。日本の職業分類は、総務省統計局の「労働力調査」により、2010（平成22）年までは、次の10

の職業に分類されてきた。①「専門的・技術的職業従事者」②「管理的職業従事者」③「事務従事者」④「販売従事者」⑤「保安・サービス職業従事者」⑥「農林漁業作業者」⑦「運輸・通信従事者」⑧「採掘作業者」⑨「製造・制作・機械運転及び建設作業者」⑩「労務作業者」である。

これが2011年からいくつかの分類再編・変更により、11の職業分類となった。変更点は、⑤「保安・サービス職業従事者」が、「保安職業従事者」と「サービス職業従事者」に分けられたことと、⑦「運輸・通信従事者」⑧「採掘作業者」⑨「製造・制作・機械運転及び建設作業者」が、「生産工程従事者」と「輸送・機械運転従事者」と「建設・採掘従事者」に編成替えされたこと、「労務作業者」が「運搬・清掃包装等従事者」に名称変更されたことである。

その結果、現在の職業は、①「管理的職業従事者」②「専門的・技術的職業従事者」③「事務従事者」④「販売従事者」⑤「サービス職業従事者」⑥「保安職業従事者」⑦「農林漁業従事者」⑧「生産工程従事者」⑨「輸送・機械運転従事者」⑩「建設・採掘従事者」⑪「運搬・清掃包装等従事者」の11分類となっている。

以上をふまえて、女性の主な職業をみていくこととする。

ⅰ 事務職

現在女性が従事する最大の職業は、「事務職」である。2016年には733万人、全体に占める割合は29.0％である。第2位以下を大きく引き離しているが、2000年代に入り、停滞傾向がみられる。

事務職は、もともと女性にとって最大の職業であったわけではなく、1960（昭和35）年には「製造・制作・機械運転及び建設作業者」のほうが多かった。しかし1960年代後半からは、女性最大の職業となり、従事者数、構成比ともに増加の一途をたどってきた。1965年の251万人、27.5％は、1970年には339万人、30.9％になり、その後長らく3割台を維持している。1990年には34.4％（631万人）と構成比で最高を記録した。構成比はその後微減傾向となっている。一方、従事者数は引き続き増加し、2000年730万人、

2010 年は 746 万人 [1] で最高を記録した。

この歴史的長期増加過程で、1979 年には男性従事者数を上回り、逆転した。1980 年の女性比率は 51.1％であり、その後も上昇して、10 年後の 1990 年以降は 6 割程度（58 〜 60％）となっている。

職業には性別特徴があり、男性の多い職業を「男性職」、逆に女性の多い職業を「女性職」、男女が均等に従事している職業を「男女混合職」と呼ぶ。男女の雇用者数を考慮して、「男性職」とは男性の割合が 7 割以上の職業、「女性職」とは女性の割合が 6 割以上の職業、「男女混合職」とは女性の割合が 5 割前後の職業と分類している。

この分類基準によれば、「事務職」は、1960 年代は男性職（的）であったが（1960 年の女性比率 35.9％）、1970 年代〜 1980 年代に「男女混合職」に変化し（1970 年 46.9％、1980 年 51.1％）、1990 年代以降は「女性職」へと変化してきた（58 〜 60％）ことがわかる。現在女性の仕事の代名詞ともいえる事務職も、かつては男性職（的）であったが、女性の参入増加により、女性職に転換したこと、それも意外と新しいことがわかる。

女性の多い事務職ではあるが、そのなかでも女性比率の高いのが、「一般事務」（59％）、「会計事務」（72％）、「事務用機器操作」（75％）などである [2]。他方、事務職が女性職とはいえ、すべての事務職が女性中心に営まれているわけではない。例えば銀行の事務職の仕事は、はっきりと男女で分担が異なり、女性は窓口業務（テラー）や「リテール業務」（個人向け金融商品の販売）を、男性は融資・得意先業務（渉外）や「ホールセール」（法人向け金融商品の販売）という具合である。女性職でも、仕事を小分類でみれば、はっきりと男女に分かれているのである。

ii サービス職業従事者（2010 年以前は「保安・サービス職業従事者」）

女性の従事者数が 2 番目に多いのは、「サービス職業従事者」である。

---

1) 2011 年の分類変更後、それを 2010 年に遡及し適用すると 674 万人である。
2) 以上の数値は総務省「国勢調査」2015 年による（2015 年国勢調査抽出集計第 9 表「職業（小分類）、年齢、男女別 15 歳以上就業者数および平均年齢（総数および雇用者）」）。

サービス職というのは、サービス産業の「対個人サービス業」分野に関する職業が多く、具体的には、調理人（94.0万人）、介護職員（93.6万人）、飲食物給仕・身の回り世話従事者（68.5万人）、訪問介護従事者（26万人）、娯楽施設接客員（22.7万人）、美容師（13.5万人）、看護助手（13万人）などである[3]。

サービス職業従事者は2016年には483万人、19.1％となっている。2010年までは「専門的・技術的職業従事者」に次ぐ第3位であったが、引き続く増加により順位をあげたのである。

サービス職業従事者は、1960年（16.1％）から1990年（10.7％）までは構成比を低下させていたが、1990年代以降の増加が著しく、同様に増加してきた専門職や事務職をも上回っている。1990年（197万人）から2000年（291万人）、2000年～2010年（404万人）にかけて、それぞれ約100万人増加し、2010年～2016年（483万人）にかけても約80万人増加し、増加はスピードアップしてきている。事務職が2000年代に入り増加幅が縮小し、2010年代には減少したり、専門職が2010年代に入り増加幅が縮小したのと比べ、増加が顕著である。

サービス職業従事者は、2010年までは「保安・サービス職業従事者」に含まれていた（「保安・サービス職業従事者」は1960年以降いっかんして女性比率が5割以上（51～57％）の男女混合職であった）が、2011年の職業の分類基準の変更により独立し、女性比率は約70％に急上昇し、典型的な「女性職」となった。2016年の女性比率も69.3％である。

iii 専門的・技術的職業従事者

女性の専門的・技術的職業従事者は、看護師（「保健医療従事者」）、教員、保育士（「社会福祉専門職業従事者」）が大半を占めている。サービス産業の「公共サービス」分野に関する職業が多い。男性の場合は「技術者」がトップであり、専門職トップの職業は男女で異なる。

専門的・技術的職業従事者も、昔から多かったわけではない。1970年代

---

3) 総務省「国勢調査」2015年（第9表 職業小分類）による。

から増加がみられ、順次職業の順位も上昇した。1970年の第5位（100万人）が、1980年に第3位（176万人）、そして2000年には第2位（342万人）へ上昇した。2010年には432万人、18.5％へ増加し、人数、構成比とも過去最高を記録した。2011年にはサービス職業従事者に抜かれ第3位（401万人）となった。2016年は、第3位ながら、471万人、18.6％と人数、構成比ともに再び過去最高となっている。1970年代から長期的な増加傾向が続いている。

　女性比率も上昇してきた。1960年代の「男性職」的状況（1960年33.3％、1970年40.7％）から、1980年代以降は「男女混合職」（1970年48.4％、2010年49.1％、2016年48.3％）に変化した（ただし1989〜1993年には42〜43％に低下）。

　このように、男女で専門的・技術的職業の中身は異なるが、女性の専門的・技術的職業従事者数が大幅に増加して男性とほぼ同数となり、女性の職業のなかで上位に位置するようになったことは、雇用の質における大幅な改善を示している。事実、世界経済フォーラムが毎年発表しているジェンダー・ギャップ指数（GGI）を構成する経済分野の指標のひとつが専門職に占める女性割合である。女性の割合が上昇し半分近くに達したことは、世界的にみても好ましい水準にあるといえよう。

　ただし、問題は、女性の代表的専門職は、看護師（保健医療従事者）や保育士（社会福祉専門職）など伝統的女性職が多いことである。ジェンダー平等の視点からいえば、職業の小分類段階においても、男女混合職となることが望まれる。

ⅳ　販売従事者

　女性の販売従事者は商品販売業務が中心であり、「販売店員」（226万人）が販売従事者の約8割を占めている。「販売店員」とはスーパーや百貨店などで買い物に訪れる客に対して接客販売する人のことである。次いで多いのが「金融・保険営業職業従事者」（22.9万人）である。これは生命保険などの金融保険商品を営業販売する人のことである。

　それに対し、男性の場合は、「販売店員」（100万人）も多いが、中心は営

業職であり、いわゆるセールスパーソンとしてさまざまな商品を個人や企業に出向いて営業販売する職業である。この営業職が男性販売従事者の67%を占めている。

このように職業大分類で販売従事者と一括されても、小分類でみれば女性は商品販売中心に対し、男性は営業中心と男女に違いがある。ただし、そのようななかで「金融・保険営業職業従事者」だけは男女混合職（女性比率48.6%）である[4]。

ところで、女性の販売従事者は、1960年以降ほぼいっかんして増加している。とくに1960年代〜1980年代までの増加幅が大きく、1970年以降女性雇用者の10%以上を維持している（1970年112万人、10.2%。1990年230万人、12.5%）。1990年代からは増加が鈍化していたが、2010年代に入ると増加が顕著となり、2010年〜2016年の増加数は、サービス職（79万人）、専門職（39万人）に次ぐ多さ（14万人）である。事務職は減少しているのと比べ、特徴的である。その結果、2016年は、345万人（過去最高）、13.6%となっている（構成比の過去最高は2012年の14.0%）。

女性比率は、長らく3割台で上下してきたが（1960年〜2009年まで30〜38%程度）、2010年以降4割台に上昇し、2016年は44.2%で過去最高となっている。いっかんして「男性職」的特徴がみられてきたが、近年「男女混合職」的特徴を示すようになり、女性の進出が顕著である。ちなみに男性は、2010年から16年にかけて15万人減少しており、男性から女性への代替が進行していると思われる。

∨ 生産工程従事者（旧「製造・制作・機械運転及び建設作業者」）

生産工程従事者は、1960年代前半には、女性の最大の職業であり、1960年代後半からは事務職に抜かれ第2位となったものの、依然として大きな職業であった。構成比も、高度経済成長期の1970年には最高の26.6%を記録した。当時は、女性労働者の4人に1人強が、この仕事に就いていた。

しかし高度経済成長が終焉した後は、構成比は急速に減少の一途をたどり、

---

4) 以上の数値は総務省「国勢調査」2015年による。

1990 年には 20.6％（5 分の 1）、2010 年には 11.0％（約 1 割）という具合である。2016 年には 9.0％にまで低下した。

ただし従事者数のピークは 1993 年の 387 万人である。しかしバブル崩壊後は減少の一途をたどり、1993 ～ 2000 年（334 万人）で 53 万人減、2000 ～ 2010 年（257 万人）77 万人減、2010 ～ 2015 年（224 万人）33 万人減で、結局、1993 年～ 2015 年の 22 年間で合計 163 万人も減少した。1990 年代不況期と、続く 2008 年のリーマン・ショックを契機とする大不況期で、大打撃を受けたことが明らかである。

その結果、2000 年に「専門的・技術的職業従事者」に抜かれて第 3 位、2002 年には「保安・サービス職業従事者」に抜かれて第 4 位、さらに 2009 年には「販売従事者」にも抜かれて第 5 位に低下した。

女性比率は、いっかんして 30％未満（24 ～ 28％）であり、典型的な「男性職」である。2016 年は 28.8％である。ただし、例外的に女性の多い職業もあり、「食料品製造従事者」（62.8％）と「紡織・衣服・繊維製品製造従事者」（70.4％）は女性職となっている。また「電気機械器具組立従事者」（32.6％）は男性職ではあるが、そのなかでは比較的女性割合の高い職業である[5]。

管理的職業従事者

管理的職業従事者に占める女性の割合は、雇用におけるジェンダー平等度の指標のひとつである。世界経済フォーラムは、経済の分野におけるジェンダー平等度の指標として、専門的・技術的職業従事者とともに管理的職業従事者の女性比率を重要な指標としている[6]。専門的・技術的職業従事者は、すでに指摘したように、1970 年代から増加し、男女混合職へと改善してきたが、管理的職業従事者のほうは、どうであろうか。

結論からいえば、依然としてごくわずかの改善にとどまっており、完全な

5) 以上の数値は総務省「国勢調査」2015 年による。
6) 世界の男女平等度を測定する世界経済フォーラムのジェンダー・ギャップ指数（GGI）では、経済分野のデータとして、この 2 つの職業の女性比率が、その他の指標（労働力率・同じ仕事の賃金の同等性・所得の推計値）とともに採用されている。

男性職のままである。管理的職業従事者数は、1960 年の 2 万人から、1975年に 11 万人、そして 1991 年に 20 万人と増加してきた。しかし 1996 〜1997 年に 21 万人のピークを記録したのち、2000 年以降 20 万人を切っており、2016 年は 18 万人に減少している。構成比（女性雇用者に占める割合）もずっと 1 ％以下で、2016 年は 0.7％である。

　女性比率も、1960 年の 2.5％から 1975 年の 5.4％を経て、1997 年に 9.5％にまで上昇したが、その後も 10％には届かず、微増減を繰り返していた。しかし、2009 年以降ようやく 10％を超え、2016 年には 12.7％で過去最高となった。

　いずれにせよ、管理的職業従事者は専門的・技術的職業従事者と異なり、増加のテンポはきわめて緩慢で、ようやく女性比率 1 割強に達した程度で、完全な「男性職」のままである。それがジェンダー・ギャップ指数を下げ、世界における雇用の男女平等度を大きく引き下げる要因になっている[7]。

② 男性の職業

　以上にみた女性の職業と比較しながら、次に男性の職業をみていこう。男性の職業は、構成比により 3 つのグループに分かれる。まず第 1 は、構成比が約 2 割ないし 2 割台と最大の「生産工程従事者」（旧「製造・制作・機械運転及び建設作業者」）、第 2 は、15％前後の「事務従事者」、「専門的・技術的職業従事者」、「販売従事者」、そして第 3 は、10％未満の「運搬・清掃包装等従事者」、「建設・採掘従事者」、「サービス職業従事者」、「輸送・機械運転従事者」である。

i　生産工程従事者（第 1 グループ）

　男性の最大の職業は、「生産工程従事者」である。2016（平成 28）年は、565 万人、17.7％である。2010 年には、846 万人、27.0％で、断然 1 位であっ

7）世界経済フォーラムのジェンダー・ギャップ指数では、教育や保健の分野に比べ、経済と政治の分野の順位がきわめて低く、世界における男女平等度は、149カ国中 110 位（2018 年）に低迷している。

たが、現在は第2グループとの差は大幅に縮小した。それでも「女性は事務、男性は生産」という職業分担構造が継続している。

　女性の場合、生産工程従事者は、高度経済成長終焉後急減したが、男性の場合の減少はもっと緩慢である。1970（昭和45）〜 1975年の高度経済成長末期のピーク時には構成比約38％と、男性労働者10人に4人弱が従事していた。しかし、1989年以降3割強（31 〜 32％）、2010年には3割弱（27.0％）へと減少した。分類基準の変更も影響して、2011年以降は20％以下となった（なお変更した分類基準を遡及すると2010年も17.8％となる）。

　男性雇用者数は、バブル崩壊後も1993 〜 1998年には1000万人を数え、ピークは1997年の1043万人である。しかしその後は継続して激減し、1997 〜 2004年に144万人減（職業別で最大の減少）、2007 〜 2010年に90万人減であった（両方合わせると10年で234万人減少）。

　生産工程従事者の女性比率は3割以下で、典型的男性職である。重工業分野でも「電気機械器具組立従事者」は32.6％であるが、「金属工作機械作業従事者者」（8.0％）や「自動車組立従事者」（14.4％）などはきわめて少ない[8]。

ii 事務従事者（第2グループ）

　男性の職業の第2位は事務職である。2016年は、511万人、16.0％である。事務従事者は、男性の場合も、2000年以降微減・微増の横ばい状態である。2000年代初頭には大幅に減少（2000 〜 2002年34万人減少　減少幅第2位）したが、その後2008年までにほぼ回復した。

　事務職は1990年代から女性比率約6割の女性職である。しかしコース別雇用管理にみられるように、基幹的業務は男性が担当という構造が維持されている。

iii 専門的・技術的職業従事者（第2グループ）

　男性の職業の第3位は、専門的・技術的職業従事者である。2012年に、

8）以上の数値は総務省「国勢調査」2015年による。

販売従事者を抜いて第3位に上昇した。2016年現在、504万人、15.8％で、雇用者数、構成比ともに過去最高である。

男性の専門的・技術的職業従事者で多い職業は「技術者」である。男性の「技術者」（202.1万人）は、専門的・技術的職業従事者の48.1％を占めている。技術者のなかでは、「システムコンサルタント・設計者」、「電気・電子・電気通信技術者」、「機械技術者」、「土木・測量技術者」、「ソフトウェア作成者」の順番となっている[9]。

男性の専門的・技術的職業従事者は1980年代以降増加が顕著となり、1980年代～1990年代は増加数で第1位、2000年代は第2位、2010年～2016年も第1位と今なお増加の大きい職業である。

専門的・技術的職業従事者は、1980年代から男女混合職となっているが、職業中分類でも男女混合職なのは「教員」（50.4％ 女性比率 以下同じ）ぐらいである。女性に多い「保健医療従事者」（76.3％）や「社会福祉専門職業従事者」（82.9％）が圧倒的女性職であるのに対し、男性に多い「技術者」（9.9％）は圧倒的男性職となっている[10]。専門職も男女で中身が大きく異なっている。

iv 販売従事者（第2グループ）

男性の職業の第4位は、販売従事者であり、2016年には486万人、13.6％である。男性販売従事者は、1960～1990年にかけて10年で100万人ずつの大幅な増加をみた（増加数第2位）。2001年には、事務職を凌駕し第2位に上昇した。しかし2005年に逆転され、さらに2012年には専門的・技術的職業従事者にも追い抜かれて、第4位に低下している。女性とは対照的に、2005年以降減少傾向にある。

販売は、企業の売上げ・業績に直接関わる重要な仕事であり、今なお男性中心の企業も多い。販売職のなかで男性に多いのは、「営業職業従事者」で

---

9) もっとも多い「システムコンサルタント・設計者」は47.5万人、次の「電気・電子・電気通信技術者」が27.0万人、第3位～第5位は21～22万人である。以上の数値は総務省「国勢調査」2015年による。

10) 以上の数値は総務省「国勢調査」2015年による。

あり、そのなかでは「機械器具・通信・システム営業職業従事者」(57.0万人)や「金融・保険営業職業従事者」(24.2万人)が中心である。他方「販売店員」(100万人)は、販売従事者の3割弱(27.6%)である。それに対し女性が多いのは「販売店員」であり、男女の仕事は一部を除き分かれている。

販売従事者はずっと男性職で、女性比率は3割台であったが、近年女性営業職の募集増加にみられるように、女性比率も上昇し、2010年以降4割台(40.9%)となった。2016年は44.2%で過去最高、男女混合職的に変化した。

構成比6～7%の第3グループに属するのが、第5位「運搬・清掃包装等従事者」(232万人、7.3% 2016年、以下同じ)、第6位「建設・採掘従事者」(220万人、6.9%)、第7位「サービス職業従事者」(214万人、6.7%)、第8位「輸送・機械運転従事者」(202万人、6.3%)、である。このうち近年増加が大きいのが、第5位の「運搬・清掃包装等従事者」(2010～2016年で32万人増)であり、次いで多いのが第7位の「サービス職業従事者」(同時期24万人増)である。第3グループの職業は、必要とされる知識・技能に違いがあるが、共通するのは体力を要する仕事であることである。

管理職

管理職は、2016年124万人、3.9%で第9位であり、減少傾向にある。管理職が増加したのは、高度成長期やバブル期の生産や組織が拡大した時期である。その後は大幅に減少し、1992～2000年には50万人も減少し、職業別の減少幅第1位であった。2000～2009年にも33万人の大幅な減少(減少幅第2位)をみた。現在は男女とも、ポスト不足となっている。

2. 2つの性別職務分離と国際比較

これまでみてきたように、女性が従事する主要な職業(大分類)で、男女混合職であったのは、専門的・技術的職業従事者のみであり、近年販売従事者が、それに接近している。事務従事者やサービス職業従事者は女性職であ

るのに対し、生産工程従事者や管理職は男性職である。男性雇用者の第３グループ（構成比６〜７％）が従事する職業のうち、「運搬・清掃包装等従事者」は男女混合職に近い（44.7％ 女性比率2016年、以下同じ）が、「建設・採掘従事者」（1.8％）や「輸送・機械運転従事者」（2.4％）は完全な男性職である。つまり、11に分類される職業のうち、男女混合職は１つ、それに接近しているものが２つだけであり、あとは女性職が２つ、男性職が６つ（「保安職業従事者」7.1％、「農林漁業従事者」33.3％を含む）となっている。このように多くの職業は、性により偏りが大きく、いわゆる性別職務分離がみられるのである。

　ところで、この性別職務分離には、水平的職務分離と垂直的職務分離がある。水平的職務分離とは、男女の従事する職業・仕事の種類、分野が異なることをいい、垂直的職務分離とは、男女の担当する職業・仕事の難易度や専門性、責任・権限の程度が異なることをいう。水平的職務分離のみなならず、垂直的職務分離が存在することが、女性の職業的地位の低さをもたらしている。

　次に、これまでみてきた男女の職業をふまえながら、性別職務分離の代表的事例をまとめておこう。

① 水平的職務分離

　まず代表的な水平的職務分離を例示してみよう。女性は「事務職」にもっとも多く従事しているが、男性がもっとも多く従事しているのは「生産工程従事者」である。女性は事務、男性は生産という対照がみられる。専門的・技術的職業従事者では、女性が多いのが保健医療従事者（看護師）や社会福祉分野の専門職（保育士）であるが、男性が多いのは技術者である。女性は公共サービス、男性は理系（工学系）エンジニアという対照である。

　また販売従事者では、女性は「販売店員」や「金融・保険営業職業従事者」が多いのに対し、男性は「営業職業従事者」が多い。企業の売り上げ・利益により大きく関与し、責任が重いセールスは男性、お客に優しく、スマートに対応するのは女性という対照がみられる。

さらには、「建設・採掘従事者」や「輸送・機械運転従事者」は男性が多く、「サービス職業従事者」は女性が多い。機械相手の仕事や重労働と思われる仕事は男性、人に対するサービス提供は女性という対照がみられる。

このように、職業・仕事の種類・分野により、男女の従事者数に顕著な偏りがあるが、それにはいわゆる「男らしさ」「女らしさ」も関係している。これが水平的職務分離である。

② 垂直的職務分離

垂直的職務分離とは、男女の担当する職業・仕事では、難易度や専門性、責任・権限の程度が異なることをいい、概して男性のほうが難易度・専門性のより高い職業・仕事や責任・権限のより大きな職業・仕事に就くことが多い。次に、具体的事例を、職業別にみてみよう。

ⅰ 事務職の場合

事務職は女性職であり、数のうえでは女性が男性を上回っている。ところで、大企業の多くは「コース別雇用管理制度」を導入し、例えば「総合職」と「一般職」と呼ばれるキャリアコースを設定している。「総合職」は会社の重要な仕事である基幹的職務を担当し、経験を積んで昇進・昇格していくエリートコースである。それに対し「一般職」は「総合職」を補佐する仕事で、あまり変わりばえのしない定型的職務を担当し、昇進・昇格の機会もあまりない万年平社員コースとされている。

男性は募集・採用の際、「総合職」を選択することが当然とされ、その後なにかの事情で「一般職」に転換したくなっても、引き留められるのが一般的である。それに対し女性は、これまで将来の転勤を理由に「総合職」の選択を断念させられることが多かった。また女性のほうも、責任や転勤を忌避して最初から「一般職」を希望する人も多かった。こうして募集・採用の段階で、男女の仕事・キャリアが分けられてきた。

その後、女性「総合職」の募集・採用は多少拡大したが、男性総合職とは仕事内容やかけられる「期待」が異なり、仕事と家庭、とくに育児との両立

が厳しいなどの理由で、途中で退職する女性「総合職」も多かった。その結果、「総合職」に占める女性の割合は、相変わらず5％程度の少数にとどまり、圧倒的に男性の仕事のままである。

「総合職」と「一般職」の職務内容が、本当に会社の説明する通り明瞭に分かれているかどうかは疑問であるが、賃金をはじめとする労働条件ははっきりと区別されている。その結果、男性総合職の賃金は高く、大企業の商社などでは、28歳にして女性のベテラン社員の賃金を上回るといわれている。その後も男性はさらに昇進・昇格していき、男性の会社内の職業的地位は、勤続とともに、女性のそれとは歴然とした差がつくのである[11]。

ii 専門的・技術的職業の場合

教員

次に専門的・技術的職業のうち、大分類だけでなく、中分類でも男女混合職であった教員の場合をみてみよう。教員の場合、教育課程の上昇とともに、女性職から男女混合職、そして男性職へと、きわめて明瞭に特徴が変化していく。

まず幼児教育の幼稚園教員では、女性比率が94.1％の圧倒的女性職であり、初等教育の小学校教員でも、女性職（68.4％）である。しかし中等（前期）教育の中学校教員では、女性比率は44.3％と下がり、「男女混合職」的状況となる。さらに中等（後期）教育の高等学校の教員では、女性比率34.3％で男性職に変わり、高等教育の大学になると、女性比率はさらに下がり28.4％

---

11) ちなみに、1000人以上規模の一般労働者の年齢階級別所定内給与額を男女別にみると、「20〜24歳」では、女性の21.0万円に対し男性は21.4万円で差は小さいが、「30〜34歳」では、女性の25.8万円に対し男性は31.2万円となり、「40〜44歳」では、女性の29.3万円に対し男性は41.1万円、「50〜54歳」では、女性の30.3万円に対し男性は51.5万円と、年齢（勤続）とともに差は拡大する。「50〜54歳」の男女別賃金格差は、58.8と6割以下で最大となる。女性の賃金は、男性の「30〜34歳」の水準を超えることはない。正社員・正職員に限定してみても、女性の賃金は男性の「35〜39歳」の水準を超えることはない（厚生労働省「賃金構造基本統計調査」2015年より）。

で、より男性職の特徴が強化される[12]。

このように日本では、教育課程の上昇につれて、教員は女性職から男女混合職、さらには男性職へと変化している。それには、幼少期のケアや教育は母（女性）の手でするのが当然であり、知力の高い高等教育は男性の担当とする男尊女卑的慣習の名残が如実に反映されている。また教育課程の上昇につれ、教員の社会的評価も上昇していくが、社会的評価の高い仕事は男性の仕事という社会通念も影響している。

しかし、幼児教育の専門性は、果たしてその本来の仕事内容に即して正当に評価されているのであろうか。女性職、それも若い女性の多い職業ということで、賃金など労働条件が切り下げられていると思われる。

保健医療従事者

「保健医療従事者」は、職業大分類では男女混合職、中分類では女性職となる専門的・技術的職業従事者である。男性の保健医療従事者は「医者」が多く、医者の大半（74.4％）は男性であり、男性職である。他方、女性の保健医療従事者の多数は「看護師」であり、看護師の93.4％が女性という圧倒的女性職である[13]。

医者と看護師を対比すると、医者のほうが養成（教育）期間が長く、より専門性が高い。医療の現場では、診察して治療を決定するのは医者であり、看護師はそれを補助する立場である。実際に治療・手術を行うのも医者であり、看護師は一部代行ないし補助である。

このように医者と看護師は、医療という仕事においては、医者がより専門性が高く医療に関する責任・権限が与えられており、看護師はあくまでもその補助という位置づけとなっている。より高度な専門性をもち、より大きな責任・権限を与えられる仕事を男性が独占し、それを補佐する仕事は女性が圧倒的という、まさに男性が上位、女性が下位という構図の典型が、保健医療従事者である。

---

12) 以上の数値は総務省「国勢調査」2015年による。

13) 同上。なお医者の女性比率は2005年には18.3％であったので、2015年（25.6％）までの10年間で7.3ポイント上昇した。

なお近年は医療の分野でも、「専門看護師」というより専門性の高い、医者なみの高度な知識・判断力を必要とする仕事も登場している。また在宅介護・医療の「看護」の分野では、看護師がまさに看護のプロであり、中心を占めているし、評価も高まっている。このように看護師の社会的評価も変化し上昇していることにも留意する必要がある。

iii 管理職の場合

会社内で部下を指導・監督する管理職は、まさに責任と権限の集中する職業であり、社会的地位の高い職業の代表である。この管理職の約9割が、今なお男性で占められている。女性の割合は上昇しつつもごくわずかにとどまり、他の先進諸外国に比べても際立って少ない。

管理職の代表的職位には、低いほうから係長、課長、部長がある。女性比率は、最下位の係長で、ようやく2割近くに上昇したが（18.6% 2016年）、課長は2016年でも1割程度（10.3%）、部長も6.6%にとどまっている。2005～2015年の10年間の上昇率（係長6.5%、課長4.7%、部長3.4%）は、1995～2005年のそれ（係長3.2%、課長1.3%、部長1.5%）を上回り、増加スピードは速まってきているとはいえ、これでは2020年までに女性管理職30%の目標は実現できない。

企業における男性正社員中心の雇用管理を見直し、雇用の機会や処遇の平等と仕事と家庭の調和・両立の、広義の雇用平等政策を本格的に推進しない限り、管理職の男女混合職化は困難である。

管理職を今なお男性が独占しているところに、日本の垂直的職務分離の根強さ・硬直性がみてとれよう。

③ 性別職務分離の国際比較

これまで日本の性別職務分離の現状をみてきたが、次に、諸外国の性別職務分離の状況をみて国際比較を行い、合わせて日本の特徴を分析することとしたい。

ⅰ 性別職務分離の類型と共通点

ILO の統計資料をもとに、各国の性別職務分離の特徴をみてみると、次のように4つに類型化することができる。①専門職や管理職への女性の進出がきわめて高いアメリカ・スウェーデン型[14]（ノルウェーを含む）、②専門職や管理職への女性の進出が次いで高いカナダ型（イギリス・オーストラリアを含む）とフランス型（ドイツ・オーストリアを含む）、③専門職への女性の進出は進んでいるが、管理職への進出はやや少ないイタリア型（デンマーク・オランダを含む）、④総じて専門職や管理職への女性の進出が少なく、男性職が多い韓国型である。

韓国を除く欧米の多くの国々では、性別職務分離に共通点がみられる。それは、まず第1に「事務従事者」と「サービス・販売従事者」は女性職であること、第2に「専門職」と「准専門職」は男女混合職であること、第3に、「管理職」、「農林漁業従事者」、「設備・機械の運転・組立工」、「技能工及び関連職業従事者」は男性職である、ということである。

ⅱ 性別職務分離の類型別特徴・相違点

次に、性別職務分離の特徴・相違点を類型別にみてみよう。まずアメリカとスウェーデン型（ノルウェーを含む）は、専門職と管理職への女性の進出が際立って高いことが特徴である。ともに専門職は女性比率が6割近く（57〜59％）で、女性職であり、他の国々を圧倒している。また管理職の女性比率も高い（36〜43％）。とくにアメリカは唯一4割以上（43％）で男女混合職となっている。性別職務分離の解消にいち早く積極的に取り組んできた成果といえよう。

次に、アメリカとスウェーデン型に続き専門職と管理職への女性の進出が高い国が、カナダ型（イギリス・オーストラリアを含む）とフランス型（ドイツ・オーストリアを含む）である。この2つの型は、事務職とサービス・販売従事者が女性職であり、専門職は男女混合職、管理職は男性職という構成となっている。専門職の女性比率は、女性職であるアメリカとスウェーデ

---

14) ここでいう「型」とは、同様の特徴をもつ複数の国のグループという意味であり、その代表となる国を名称に使用している。

第4章　性別職務分離の現状と解消策　　135

表IV－2－1　性別職務分離の国際比較

	女性職	男女混合職	男性職
アメリカ (2013年)	事務従事者　　　(73.3%) 専門職　　　　　(57.1%)	サービス・販売従事者 　　　　　　　(53.6%) 管理職　　　　　(43.4%)	農林漁業従事者　(21.7%) 熟練職業従事者　(13.8%)
スウェーデン (2015年) ノルウェー (2015年)	事務従事者 (63～67%) サービス・販売従事者 　　　　　　　　(68%) 専門職　 (58～59%)	技師・准専門職 　　　　(42～44%) 単純作業従事者 (53%)	管理職　　　(36～40%) 農林漁業従事者(22～24%) 設備・機械の運転・組立工 　　　　　　(12～14%) 技能工及び関連職業従事者 　　　　　　　　(6%)
カナダ (2014年) イギリス (2015年) オーストラリア (2014年)	事務従事者 (68～76%) サービス・販売従事者 　　　　　　(64～69%) ※カナダ 　　准専門職　(62%)	専門職　　(48～54%) 准専門職　(52～54%) 単純作業者　　(44%)	管理職　　　(35～36%) 農林漁業従事者(14～25%) 設備・機械の運転・組立工 　　　　　　(13～17%) 技能工及び関連職業従事者 　　　　　　(5～6%) ※カナダ 単純作業職 (33%)
フランス (2015年) オーストリア (2015年) ドイツ (2015年)	事務職　 (66～76%) サービス・販売職 　　　　　(63～69%) 単純作業従事者 　　　　　(61～66%)	専門職　　(45～51%) 准専門職　(47～56%) ※オーストリア 農林漁業従事者　(42%)	管理職　　　(29～32%) 農林漁業従事者(19～24%) 設備・機械の運転・組立工 　　　　　　(14～20%) 技能工及び関連職業従事者 　　　　　　(9～11%)
イタリア (2015年) デンマーク (2015年) オランダ (2015年)	事務職　　(61～72%) サービス・販売職 　　　　　(60～68%)	専門職　　(47～56%) 准専門職　(39～51%) 単純作業従事者 　　　　　(45～48%)	管理職　　　(26～27%) 農林漁業従事者(16～22%) 設備・機械の運転・組立工 　　　　　　(11～18%) 技能工及び関連職業従事者 　　　　　　(6～10%)
韓国 (2015年)	サービス・販売職 　　　　　　(58.0%)	単純作業従事者 (51.5%) 専門職　　　　(48.1%) 事務職　　　　(47.0%)	農林漁業従事者　(39.6%) 技能工及び関連職業従事者 　　　　　　　(13.1%) 設備・機械の運転・組立工 　　　　　　　(12.9%) 管理職　　　　(10.5%)
日本 (2016年)	サービス職　(69.3%) 事務職　　　(58.9%)	専門職　　　　(48.3%) 運搬・清掃包装等従事者 　　　　　　(44.7%) 販売従事者　　(44.2%)	農林漁業従事者　(33.3%) 生産工程従事者　(28.8%) 管理職　　　　(12.7%)

資料出所：『女性労働の分析　2016年』(21世紀職業財団) 230～232ページより作成。
原典：アメリカは労働統計局 *Current Population Survey*、その他は ILO *ILOSTAT Database*、日
　　　本は総務省「労働力調査」。
　　　(　) 内の数値は女性比率。

ン型に比べると少ないものの、5割前後と高い割合を占めている。

また管理職の女性比率も、カナダ型は35～36％と高く、ノルウェー並みである。それに対し、フランス型は3割前後（29～32％）と少し低くなっている。

つまり、アメリカ・スウェーデン型と比べ、カナダ型は専門職の女性比率が少し低く、フランス型は専門職も管理職も女性比率が少し低い。

さらにイタリア型（デンマーク・オランダを含む）となると、専門職は、カナダ型やフランス型と同じで、男女混合職で女性比率が5割前後と高いが、管理職の女性比率がいちだんと下がり、26～27％であり、フランス型とも一線を画している。

以上の国々と比べると、日本の特徴は、欧米諸国と性別職務分離の共通点を共有しているが、管理職の女性比率が1割強と際立って低いということである。専門職は、カナダ型やフランス型並みの男女混合職であるにも関わらず、管理職が韓国並みに際立って低く、専門職の女性比率と管理職の女性比率にきわめて大きな開きがある。

また専門職についても、医療・教育・福祉の公共サービスに集中し、女性職であり、かつそれらの分野においても、垂直的職務分離が強固にみられる。

つまり、日本の性別職務分離の特徴は、先進国のなかにあって管理職の女性比率がきわめて低く、専門職も含めて、垂直的職務分離がきわめて強固であるということである。

なお農林漁業従事者（33％）や生産工程従事者（29％）が、他の先進国に比べ相対的に多いのも日本の特徴である。

それに対し、韓国だけは、工業化と女性の職場進出がまだ十分でないためであろうか、欧米各国とはかなり特徴を異にしている。女性職は「サービス・販売職」のみである。「事務職」は、「専門職」や「単純作業従事者」とともに男女混合職となっている。日本でも1980年代までは男女混合職であったが、その後女性職に変化した。同様に「農林漁業従事者」も男女混合職であるが、日本も1960（昭和35）年ごろまでは女性従事者が多かった。男性職では、「管理職」の女性比率が極端に少なく、際立っている。

ともあれ、専門職や管理職の女性比率は、雇用の男女平等度の指標とされ

ている。世界経済フォーラムのジェンダー・ギャップ指数（GGI）では、経済分野のデータとして、労働力率・同じ仕事の賃金の同等性・所得の推計値とともに、管理職と専門職に占める女性の割合が対象指標となっている。日本は、垂直的職務分離が、他の先進国に比し際立って強固で、男女平等度の劣る国であるということを示している。

3. 性別職務分離の原因と解消策

① 性別職務分離の原因

　性別職務分離が国により異なる特徴を示すものの、なぜ、国を超えて同じように性別職務分離が形成され、長らく維持・固定化されてきたのであろうか。性別職務分離の原因については、主に3点指摘されている[15]。第1は、「女性に適した仕事」「男性に適した仕事」という社会通念の存在であり、第2は、性別役割分業のもとで生じる稼得責任と家事責任との分離・背反であり、第3は、日本の企業の論理が、性別管理を利用してきたことである。

i 「男性に適した仕事」「女性に適した仕事」

　性別職務分離の形成・維持要因の第1は、女性に適した仕事と男性に適した仕事は異なるという社会通念である。この社会通念が、日本では弱まりつつもまだまだ健在である。この社会通念で考えられる女性に適した仕事とは、「定型的または補佐的仕事」という意味と、「女らしい対応」の求められる仕事という意味である。

　女性は「定型的または補佐的仕事」に向いているという考えは、コース別雇用管理で男女の振り分けに利用されている。男性のほうが優秀、リーダーにふさわしい、といった男尊女卑的発想が払拭されていない社会意識のもとでは、男女にふさわしい仕事はおのずと異なると考えられるのである。男性

───────────
15) 本項は、熊沢誠著『女性労働と企業社会』（主に、三章「男の仕事」・「女の仕事」）岩波新書、2000年、による。

はもちろん、女性自身もそう思うなかで、男女はそれぞれ異なる仕事に就くのが妥当という社会通念が再生産されていく。

もうひとつの「女らしい対応」が求められる仕事というのは、例えば、ソフトな対応[16]、「家事のような仕事……指先の器用さ、ケア的要素、身体的美しさ」[17] が必要な仕事などのことであり、これらは女性向きであるという考えである。具体的には、受付や秘書、調理や掃除、児童保育や高齢者介護、看護師、モデルや女優などである。実務処理や部品製造などのように、仕事はそれほど難しくないが忍耐力のいる仕事も同様である。

それとは対照的に、男性向きの仕事とは、力のいる仕事（筋力・体力）、幅広い知識、「度胸」と決断、危機管理的対応能力、予算必達、個人的感情にとらわれないなどの要素のある仕事[18] である。具体的には、製造現場や建設現場、運転や配送などの力仕事、弁護士や医師などの高度な専門職、有能な営業マンなどが代表的である。

このようないわゆる男らしさ・女らしさは、その社会における人間の成長過程で、社会規範として目標とされる特質である。家庭でも、学校でも、会社や地域社会でも、社会意識が変わらず、依然として男らしさ・女らしさが根強く残っていれば、それを「自然」と思い、目標として再生産されていく。子どもが将来なりたい職業アンケートをみても男女で分かれてしまうのも、当然の結果である[19]。

しかし、1979（昭和54）年に成立した「女性差別撤廃条約」は、男尊女卑思想や性別役割分業観の撤廃を求めている。日本はこの条約を 1985 年に批准し、すでに 30 年余りが経つ。国は、こうした社会通念の撤廃に、責任

---

16)　熊沢誠　前掲書、89 ページ。

17)　同上、125 ページ。

18)　同上、95 ページ。

19)　子どもが将来なりたい職業（2015 年）は、男子では第 1 位がサッカー選手、第 2 位科学者、第 3 位警察官・医者、第 5 位電車の運転士・ゲームクリエーター・漫画家に対し、女子では第 1 位がパティシエ、第 2 位医者、第 3 位幼稚園・保育園の先生・デザイナー・スポーツ選手である（s.news. mynavi.jp/news/2　2015/05/05 より）。女子のなりたい職業で、医者やスポーツ選手が上位にきているのは、時代の変化を反映しているといえようが、男女の希望の違いは「伝統的」である。

をもって取り組まなければいけない。とくに教育現場で、幼児教育から大学教育まで、男女平等教育が十分に行われてきたかどうか、反省のうえ、取り組みを徹底する必要がある。また会社や地域社会、そしてメディアも、「女性差別撤廃条約」が日本に適用されていることを認識し、男女平等や個人尊重の意識を重視することが求められる。社会通念を理由に、条約や法律に反して、男女平等を軽視・無視することは許されない[20]。

ⅱ 稼得責任と家事責任の分離・背反

第2に、稼得責任と家事責任の分離・背反についてみてみよう。性別役割分業観がまだ根強く残る日本では、女性には男性ほど稼得責任（大人になれば自分の力で収入を得て生活を支え、家族も養う責任があるという考え）が課せられない。

稼得責任の意識の希薄さは、当然のことながら、職業に対する関心・意欲を低め、職業に就く努力も低くなる。女性の就業は、結婚・妊娠・出産などに影響されることが多く、厳しい就職活動に耐えてようやくつかんだ仕事であっても、出産・育児で簡単に手放したり、あるいは手放さざるを得ない人も多い。男性のように生涯を通して仕事に就き、キャリアを開拓するという志向性は弱い。むしろ、その時々の状況に応じて、可能な範囲で仕事に就くというスタイルとなりやすい。

とくに出産して育児責任が課せられると、それと矛盾せずに、1人で果たせる範囲内で仕事を選ぶことになりがちで、職務内容や賃金よりも、短時間で責任のない仕事を選択することが多くなる。男性が、何よりも給与水準ややりがいなど待遇や仕事内容に注目するのとは異なる。もちろん女性の社会参加意識や雇用の男女平等意識も高まり、男性と同様の志向性をもつ女性も

---

20) 1985年の第3回世界女性会議で採択された『ナイロビ将来戦略』では、女性の開発への参加や人的資源の開発の障害となっているのが、「女性に対する低い評価」であり、国はさまざまな機関と協力してそれを撤廃するために、総括的で長期的な公共キャンペーンを実施する必要があると指摘している。なお女性に対する低評価は、性別役割分業のもとで女性が担当する家事・育児労働への低評価に基づくものであるが、それに生物学的な根拠があるとして不平等が正統化されてきたと批判している。

増えてきているのは事実である。しかしそれでもまだまだ男女に違いがある
のが、厳然たる事実である。

iii 企業の論理

　最後に、第3の企業の論理について考えてみよう。企業のなかには、膨大
でさまざまな仕事がある。そのなかには、やりがいもあり処遇もよい、数の
うえでは少ない仕事と、逆に面白みは感じられず、処遇も悪い、数のうえ
で多い仕事とがある。労働者は、会社に入社当初は、簡単な仕事が与えられ、
その後経験と教育訓練や昇進・昇格を通して、次第に難しいがやりがいのあ
る仕事に就くようになっていく。

　とはいえ、そのように仕事内容が順調に高度化していけるのは、全体の一
部であり、正社員のなかでも、幹部候補生を中心に、昇進・昇格の機会が与
えられる労働者だけである。正社員のなかでも女性のように、定型的・補
佐的仕事の遂行を期待されている者は、仕事内容の高度化には限界がある[21]。
また、派遣社員や契約社員は、特定の限定された仕事に就くことが多い。さ
らにパートタイマーなどは、もっと周辺的・底辺的仕事で、比較的簡単な繰
り返し作業に就かされることが多い。このように労働者は、それぞれの会社
内の位置づけによって、さまざまな仕事・役割が割り振られている。

　つまり、労働者は、性別や雇用形態（正規・非正規別）、就業形態（フル
タイム・パートタイム）で区別され、与えられる仕事や賃金、キャリア展開
が異なっている。それぞれに異なる雇用契約が結ばれ、賃金をはじめとする
労働条件には決定的な差異がある。しかも異なる「雇用管理区分」のもとに
ある男女労働者の間では、「均等法」の適用もおよばないとされている。こ
のような枠組みを利用して、企業は、従業員を正社員中心の構成にするより
も、さまざまな非正規社員を増やすことで、労働者に支払う賃金総額（賃金
原資）を、節約しようとするのである。

　女性は高度経済成長期以来、家庭責任と「被扶養者」を理由に低賃金の
パートタイマーなどの非正規従業員として雇用され、次第にその割合を高め

---

21) 昇格差別により一般職など補佐的の仕事に長く止め置かれた女性労働者は、そ
　の状態を能力の適切な開発がされず、「塩漬け」にされたと表現している。

てきた。1990 年代半ば以降は、財界の雇用戦略の転換により、女性と若者、とりわけ女性が、非正規従業員として大量に利用され、男性正社員とは仕事の機会が区別・制限されてきた。こうした性と年齢を基準とする多種多様な雇用管理の活用が、企業の支払う賃金総額（賃金原資）＝人件費を大幅に節約することに大いに貢献したのである。

　性別管理は、労働者にさまざまな区別・差別を持ち込み、企業の賃金支払い総額（賃金原資）を節約するために大いに役立っている。だからこそ企業は、その利用を手放さないのである。

② 性別職務分離の解消・改善策

　性別職務分離は、女性の職業的地位を低める主たる原因のひとつである。男女が同じ分野で働かず、女性だけが集中するために、偏見も加わり、職業の正当な評価がゆがめられてきた。また垂直的職務分離においては、女性が下位職務に集中させられることで、女性の職業的評価や社会的地位が低められてきた。

　女性管理職が際立って多いアメリカでさえ同様であり、かつては「ガラスの天井」が問題とされた。職業能力は自他ともに高いと評価されるにも関わらず、女性は最高の管理職にはなかなか就けず、昇進は目にみえない壁、「ガラスの天井」に阻まれているといわれた。

　それでもアメリカの女性は挑戦し続け、今では、著名大企業の最高経営者の地位に就くこともまれではなくなってきた。「米主要企業『フォーチュン500』社のうち女性が経営する企業は 21 社。過去最高……」というところまで前進した。とはいえ「過去最高だが 4 ％にすぎない。」（2013 年 5 月 10 日付『日本経済新聞』）というのも厳しい現実である。またアメリカでは女性管理職の数は多いが、女性は低位層に多く、完全に男女均等に就任しているわけではない。

　以下では、アメリカをはじめとする主要国の性別職務分離解消策を、紹介していこう。性別職務分離の解消とは、女性の職域を拡大し、男女混合職を増加させることと、昇進・昇格の機会を増やして女性の登用を進め、女性の

管理職割合を高めることである。このような取り組みが、着実に性別職務分離の解消をもたらしてきた。

i 主要国の性別職務分離解消策と日本

アメリカの場合

まず先進国のなかでもっとも早くから取り組んできたアメリカについてみてみよう。アメリカは人種差別撤廃運動の成果として、1964（昭和39）年に「公民権法」を成立させた。その第7編では、人種・国籍・肌の色などとともに性による雇用差別を禁止している。他の先進国より一足早く雇用の性差別を禁止する法律を成立させたのである。しかも公民権法に違反すると懲罰的罰金が科せられるので、民間企業も性差別にはすこぶる敏感である。

このような土壌のうえに性別職務分離の解消が推進され、女性の職域の拡大や男女の相互乗り入れなどによる男女混合職の拡大や、女性の管理職への登用がなされてきた。このような積極的是正策を、アメリカでは「アファーマティブ・アクション」と呼ぶ。

その最初の取り組みは、アメリカ連邦政府により行われた。1967年の大統領行政命令11375号である。それは、連邦政府と一定額以上の事業を受注した企業に対し、男女雇用平等計画の策定を義務づけるというものであった。もちろん、実行が伴っているかどうかのチェックも行い、できていなければ事業の契約を打ち切ることになっていた。契約の受注というメリットと引き換えに雇用の男女平等を企業に義務づけるのである。

実はアメリカのアファーマティブ・アクションは雇用の男女差別解消策としてだけではなく、人種差別解消策として教育の分野でも実施されてきた。そのような特別の事情が、より早く雇用の分野におけるアファーマティブ・アクションを生み出したのである。

連邦政府に続いて、州政府でも行われている取り組みが、典型的男性職である警察官や消防署員への女性の優先的採用である。アメリカでは、男女平等の基準として、地域の労働力人口の女性比率が使用されており、この水準に届くまでは女性の採用を優先しようというものである。

第4章　性別職務分離の現状と解消策　　143

　とはいえ、女性で警察官や消防署員を希望し応募すれば誰でも優先的に採用するというものでは、もちろんない。数合わせのために、女性であれば誰でも採用するというのではなく、採用試験を受け、有資格者と認定された者のなかに女性がいた場合に、平等基準を満たすために女性を優先的に採用するというものである。警察官や消防署員になることのできる有資格者であり、これまで女性が圧倒的に少なかったから、平等に近づけるために、女性を採用において優遇するというものである。

　このような取り組みに対し、男性からは、逆差別との訴えもなされた。しかし裁判では、明らかに男女の不均衡があり、男性労働者の権利を不当に侵害する方法を用いていない場合は、適法とされた（1987年ジョンソン判決）。このように、アファーマティブ・アクションは、男性労働者の異議申し立ても経験しながら、連邦政府や州政府により、公的部門で率先して取り組まれてきたのである。

　1970年代以降になると、女性の職場進出はいっそう進展し、民間企業も優秀な女性の採用に積極的になっていった。ところが1980年代になると、職場で活躍していた女性が、出産・育児を理由に退職し、企業の雇用管理に支障をきたすようになった。そこで企業は、優秀な女性を手放したくないために、職場に企業内保育所を作るなど母親労働者が働きやすいように、職場環境を改善していった。

　そのような流れのなかで、1990年代からはワーク・ライフ・バランスが取り組まれるようになった。仕事と家庭生活のバランスが取れるように、会社での働き方を見直し、作業の効率化や長時間労働の是正が取り組まれるようになった。

　また同時に、「ダイバーシティ」（多様性）がキーワードになり、性（女性）をはじめ人種・国籍など多様な労働者を擁する企業こそが、生産性の高い良い企業と考えられるようになってきた。もはや女性は障壁ではなく、優秀であれば、何ら問題ではなく、むしろ収益の高い企業にするために必要な人材とみなされるようになった。

　このような取り組みが、「ガラスの天井」を打ち破り、アメリカを代表する著名大企業の最高経営責任者（CEO）に女性が就くことも稀ではない状

況を生み出したのである。

スウェーデンの場合

スウェーデンは世界有数の男女平等先進国であり、1990年代初めに、労働市場政策として、すべての職業・職階でいずれの性も4割を下回らないようにすることを目標とした。これは、水平的職務分離も垂直的職務分離も解消していくという宣言である。そのために、改正された新「雇用平等法」（1992年）には、その目的に合う取り組みを企業に義務づけている。これを、「ポジティブ・アクション」という。名称がアメリカとは異なるが、ヨーロッパでは、積極的是正措置のことを、ポジティブ・アクションと呼んでいる。

具体的には、10人以上規模企業は、毎年雇用平等達成のための計画を策定して、実行し、最後に成果を評価する。必要であれば、計画を練り直して、また実行していくというやり方を繰り返すのである。

スウェーデンでは女性は、医療・福祉・教育といった公共部門に多く従事しており、この分野では女性の管理職も多いが、女性の進出の少ない民間部門では、女性管理職が少なかった。しかし今述べたような取り組みが1990年代から行われるようになり、女性管理職の比率も着実に改善し、39.5％（2015年）にまで増加したのである。クォータ制（割当制）に比べると、即効性に欠けるが、着実に改善されてきている。

ノルウェーの場合

ノルウェーはクォータ制発祥の地であり、1978年制定の男女平等法のなかに、公的部門の4割クォータが組み込まれた。4割クォータとは「いずれの性も4割を下回らない」ということであり、法律により公共部門では男女の平等な採用・登用が決定されたのである。世界に衝撃を与えたのは、1980年代半ばの第2次ブルントラント労働党政権発足時に、首相をはじめ閣僚の約半分が女性になったことである。国会議員の数では、女性はすでに4割以上となっており、それに続く大改革であった。国内でも、女性ばかりでやれるのかという疑問や揶揄があったが、見事に乗り切り、常識を転換させたの

である。

　この4割クォータ制が、公共部門に続いて、民間部門にも拡大され、社会に根づいていった。2003（平成15）年には会社法が改正され、取締役会の役員にも4割クォータが適用されることになった。まず2004年に国営企業に適用され、2006年からは民間企業にも適用された結果、2008年には実現し、世界でもっとも女性役員の多い国になっている。

　ノルウェーでも、女性であれば誰でも数合わせに男性職に就けるのではなく、男性職にも就ける女性の人材育成が計画的に行われた結果、問題なく男女の混合が進行してきたのである。女性管理職も、該当候補者が選ばれ、時間をかけて教育されて初めて、その仕事に従事するのである。

　クォータ制は、数値目標の実現に即効性があり、有力な手法である。社会の実情を考慮しながら適用されると、混乱なく機能することが、証明されたといえよう。

　なお、クォータ制の即効性に着目して、これまでは、スウェーデンのように計画達成のための地道な取り組みを行ってきた西欧諸国でも、2000年代に入り、一定の変化がみられるようになった。フランスでは、2008年に、憲法改正を経て、商法・労働法を改正し、取締役会等の女性比率を最終的に40％にすることができるようになった。またドイツでも、2000年代に入り法律を制定して、公務員の採用に50％クォータ制を導入した[22]。

日本の場合

　日本で、ポジティブ・アクションの規定が「均等法」に導入されたのは、1997（平成9）年の改正時である。「女性差別撤廃条約」には、ポジティブ・アクションにあたる「暫定的特別措置」の規定があるから、均等法制定時点でも、実質的男女平等の実現のためにはこのような措置の活用が必要であることを、日本政府は理解していたはずである。しかし制定時には導入されず、それから10年以上を経過して初めて規定が作られたのである。

　しかも日本の規定は、スウェーデンのように、企業に実行を義務づけるも

22）辻村みよ子著『ポジティヴ・アクション——「法による平等」の技法』岩波新書、2011年。34〜40ページ、47〜48ページ。

のではなく、ましてやノルウェーのようなクォータ制でもなかった。民間企業が実施しようとするときに、国がノウハウを提供して援助するという内容である。あくまでも企業の自主性を尊重しながら、行政指導で、穏やかに実行するというものである。

　その結果、ポジティブ・アクションに対する企業の取り組みは、概して消極的であり、景気動向にも左右されてきた。2013年度に取り組んでいる企業の割合は、30人以上で、2割強（20.8％）しかなく、今後取り組む予定の企業を加えても3分の1強（34.8％）にとどまっている。10人以上規模では、それぞれ、2割弱（16.9％）、3割（29.4％）である[23]。

　取り組みに積極的なのは5000人以上の大企業のみであり、「取り組んでいる」64.0％、今後取り組む予定との合計では79.3％である。1000〜4999人規模の大企業でも「取り組んでいる」のは4割強（41.8％）でしかなく、今後取り組む予定と合わせて3分の2（64.7％）である。それに対し、999人以下の企業では「取り組んでいる」のは一部にとどまる（300〜999人規模で32.4％、300人未満では15〜27％）。

　また取り組みの具体的内容としては[24]、女性のみ対象では「女性がいない又は少ない職務について、意欲と能力のある女性を積極的に採用」（46.6％　構成比は取り組み企業に占める割合 30人以上 以下同じ）、「女性がいない又は少ない職務・役職について、意欲と能力のある女性を積極的に登用」（38.7％）するというものである。

　男女を対象とした取り組みでは、「人事考課基準を明確に定める」（68.0％）や「パート・アルバイトなどを対象とする教育訓練、正社員・正職員への登用等の実施」（55.9％）、「出産や育児等による休業等がハンディにならないような人事管理制度、能力評価制度の導入」（52.0％）などが主要な項目である。

　「職場環境・風土の改善」（43.6％）、「働きやすい職場環境を整備」（41.0％）や「仕事と家庭との両立のための制度を整備し、制度の活用を促

---

23)『女性労働の分析 2013年』151ページ。原典は、厚生労働省「雇用均等基本調査」（2013年度）。

24)　同上、152ページ。

進」（39.4％）は、比較的少ない。

　そして何より、企業の取り組み姿勢が弱いのが最大の問題点である。「企業内の推進体制の整備」（33.7％）、「女性の能力発揮の状況や能力発揮に当たっての問題点の調査・分析」（27.6％）、「女性の能力発揮のための計画の策定」（17.7％）という状況である。いずれの項目でも5〜6割であるのは、5000人以上企業のみである。

　このような状況を改善するために制定されたのが、「女性活躍推進法」（2015年8月成立）である。女性の活用状況を調査・分析したうえで、改善計画と実行措置を策定し、公表することが義務づけられた。これまで社会の目から隠されてきた女性労働者の活用状態の実情と改善策が、白日のもとにさらされるようになったのは、きわめて大きな前進といえよう。ただし、結果の達成までは義務づけられていないので、実効性が疑問視されている。

　「女性活躍推進法」の制定を見越してか、2014年度にはポジティブ・アクションに「取り組んでいる企業」が、2013年度の20.8％から57.1％へ約3倍に急増した（30人以上の規模）[25]。

　先進国のなかで女性の活躍がもっとも制約されているのが、日本である。2018年の雇用の男女平等度は、世界で149カ国中110位であり、いっこうに順位は上昇していかない。すでに人口が減少し始め、将来の労働力不足が懸念されるなかで、「女性の活躍」が目標といわれている。単なる労働力不足解消策の手段として女性が期待されるのではなく、まさしく女性が男性の対等なパートナーとして社会で活躍できるか否かは、国がどこまで本腰を入れて、ポジティブ・アクションに取り組み、性別職務分離の解消を進めることができるかどうかにかかっているといえよう。

ii　伝統的女性専門職について

　雇用の男女差別をもたらす主要な要因が性別職務分離にある以上、雇用の男女平等を実現するためには、それを解消し、できる限り男女混合職を拡大していくことが、基本である。そのためには、男女とも、従来の馴染みの職

---

25)　『女性労働の分析2014年』159ページ。原典は、厚生労働省「雇用均等基本調査」（2014年度）。

業、いわゆる「男らしい仕事」や「女らしい仕事」を見直し、新たな職業領域に挑戦し、参入していくことが必要である。とはいえ、この過程は、従来の労働慣習の見直し・撤廃となるため、実現には多大な時間を要するであろう。

　加えて、女性にとり馴染みであり、やりがいもあり、好きな専門職もある。例えば、看護師、保育士、幼稚園・小学校教諭、司書などの典型的女性職がそれである。これらの専門職は、専門的知識・技能が必要とされ、社会的責任も大きく、やりがいのある仕事である。従来女性の専門職の門戸が、これらに限定されていたために、集中する結果となってきた。

　しかしこれらの女性専門職は、「女性職」であるがゆえに、社会的評価も低くなりがちで、賃金も仕事内容と比べ安いというのが現実であった。従来、男らしさと女らしさは、往々にして、仕事の価値の高低と連動してきた。女性職の場合、専門性が必要とされ、長期に雇用継続しても、同程度の男性職に比べて評価が低く、不利益を被ってきた。

　例えば、看護師の仕事は、男性の多い診療放射線技師と比べ、仕事の専門性では優るが、賃金では低くなる傾向があった。だからこそ、女性専門職に対し、「仕事の公正・公平な評価」を行い、それに基づく適正な水準への賃金の引き上げが必要なのである[26]。

　賃金は仕事の種類を問わず、仕事の価値に応じて公平に支払われるべきであるというのが、「同一価値労働同一賃金」の原則であり、世界共通の原則となっている。ILO100 号条約や「女性差別撤廃条約」などに明記されており、日本は両条約とも批准している。欧米では、この原則を実現するため、仕事の価値を、4つの要素で評価する「要素得点法」が広く利用されている。4つの要素とは、ア．知識や技能、イ．責任、ウ．職務遂行に伴う肉体的・

---

26) 山田和代氏によると、同一価値労働同一賃金原則に基づき医療・介護サービス職の職務評価を行った結果、看護師の職務評価点は診療放射線技師のそれより 2 割前後高いが、現行賃金は看護師のほうが診療放射線技師より 2 割程度低いことが明らかになった。職務の価値に応じた賃金に是正するためには、看護師の賃金は現行水準より 4 〜 5 割引き上げる必要があると主張している（森ます美・浅倉むつ子編『同一価値労働同一賃金原則の実施システム——公平な賃金の実現に向けて』有斐閣、2010 年。第 2 章 3 節 58 〜 59 ページ）。

精神的ストレス、エ．作業環境、である。これらの要素には、さらに複数の
サブ項目を設け、かつ1つひとつのサブ項目について、複数のレベル評価
（得点付与）を行う。そしてこれらの点数の合計（1000点満点）で、どの
程度の価値の仕事かが判断されるのである。同程度の得点の仕事は、同一価
値をもつ仕事であり、したがって賃金も同水準であるべきとみなされる。

　そこで、この要素得点法を用いて、女性職を同程度の得点の男性職と比較
すると、通常は、女性職の賃金が男性職の賃金を下回っているので、男性職
の賃金水準にまで引き上げることが可能となる。こうして、同一価値労働同
一賃金原則の適用は、女性の賃金水準の引き上げをもたらし、男女別賃金格
差の縮小に貢献する。つまり伝統的女性職の価値の再評価は、それに伴う賃
金の引き上げをもたらし、公正・公平な賃金を実現することにつながるので
ある。

　と同時に、女性専門職の賃金の引き上げは、これまで低賃金ゆえに男性の
参入が阻止されてきたとすれば、男性の参入を促進し、女性職の解消につ
ながる可能性をもつのである。女性らしい仕事という社会通念だけではなく、
男らしい仕事に比べ賃金が低いことが、男性の参入を阻止する要因になるこ
とも多い[27]。したがって伝統的女性職の仕事の見直し＝公正な評価と、それ
に伴う賃金の引き上げは、男性の参入を容易にし、ひいては女性職的色彩を
薄め、男女混合職に変化させる可能性がある。

　このように、伝統的女性専門職の再評価は、現在そこに従事している女性
の公正・公平な労働条件の獲得のために必要不可欠であるばかりか、男性
の参入を促し女性的色彩を薄める効果もある。これが、女性自身の男性職
への積極的参入を促すポジティブ・アクションとともに並行して行われると、
よりいっそう男女混合職の拡大をもたらす効果が期待できるといえよう。

27）その典型例が、保育士、幼稚園教諭、介護士などであろう。

第 5 章

◎

非正規労働者

男女別賃金格差に象徴される女性労働者の地位の低さのもうひとつの主要な原因は、雇用形態別格差である。日本では正社員と非正規社員の間の労働条件の格差、すなわち雇用形態別格差がきわめて大きい。すでに第3章の「男女別賃金格差」でみたように、同じ雇用形態にある男女労働者間の賃金格差よりも、雇用形態間や就業形態間の賃金格差のほうが大きい。女性労働者は、直接的な男女別賃金格差の影響だけではなく、雇用形態別賃金格差や就業形態別賃金格差の間接的影響も受けることによって、重層的な賃金格差の重圧のもとに置かれているのである。

　この非正規労働者の雇用・労働条件の劣悪さの問題は、1990年代半ば以降若者の間で非正規労働者の増加が顕著となり、いわゆるフリーター問題として社会問題化した。男性でも、定年退職後の年配者のみならず、これから職業人生を開始する若者の間でも非正規労働者が急増し、彼らの生活難や結婚・子育てなど今後の家族形成に大きな障害をもたらすとして社会問題とみなされた。

図Ⅴ－1－1　年齢階級別労働力率の就業形態別内訳（男女別、2013年）

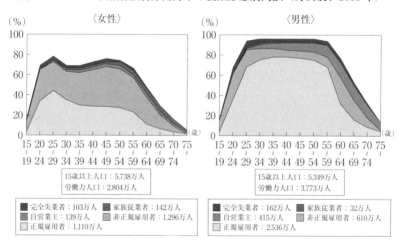

（備考）1．総務省「労働力調査（基本集計）」（2013年）より作成。
　　　　2．正規雇用者は「正規の職員・従業員」と「役員」の合計。非正規雇用者は「非正規の職員・従業員」。
資料出所：『男女共同参画白書』（2014年版）、26ページ。

第 5 章　非正規労働者　　153

とはいえ、非正規労働者の約 7 割は女性であり、女性が圧倒的に多い。非正規労働者の問題は、過去には既婚の再就職者に固有の問題として無視されてきたが、いまや女性でも、若者で非正規労働者として働く人が増加している。男性の場合、非正規労働者は、若者と高齢者に偏っており、30 歳代～50 歳代には少ない。それに対し、女性の場合は、年齢を問わず非正規労働者の割合が高い。若者（20 歳代後半）はむしろやや少なく、その後年齢上昇とともに増加するという状況である（図Ⅴ－1－1参照）。

非正規労働者問題は、男性の若者に非正規労働者が増加して初めて社会問題化したが、実はその中心はやはり女性なのである。女性に非正規労働者が多いこと、加えて日本では正社員と非正規社員の労働条件格差がきわめて大きいことが、女性の職業的地位を特別に低めている。

そこで次に、女性の職業的地位の低さのもうひとつの大きな原因である非正規労働者について、みていこう。

1. 非正規労働者

① 定義と特徴

非正規労働者とは、正社員以外の労働者の総称である。正社員とは、雇用契約期間に制限のない無期雇用の者[1] で、かつ原則フルタイムで働く労働者のことである。それに対し非正規労働者とは、雇用契約期間が 1 年以内に限定されていて、たとえ 1 年を超えて継続雇用された場合でも、雇用契約期間に制限のある有期雇用の労働者、あるいは労働時間がパートタイムの者、またはその両方の条件を満たす者を指す。具体的には、パートタイマー、契約社員、派遣社員、臨時労働者などと呼ばれる労働者である。

非正規労働者には、3 つの特徴がある。1 つ目は、雇用契約に由来するもので、雇用契約期間が短く、いわゆる「有期雇用」であることである。した

---

1) ただし雇用契約期間が 1 年以内で制限のある場合でも、契約の更新が何度も行われれば、無期契約とみなされる。

がって労働者としての地位の安定さを欠く。

　日本では、非正規労働者の担当している仕事は存続していても、担当者の雇用を短期で打ち切るというやりかたが慣習として行われてきた。年功序列賃金制度のもとでは、そのほうが安く働かせることができるし、また雇用不安があれば、なおさら低賃金の傾向が強まるからである。

　しかしドイツやフランスでは、このような不合理な働かせ方を規制しており、短期契約で雇い始めても、1年半継続して働けば無期雇用に変更しなければならない。実際の雇用と雇用契約は、合致するよう規制されているのである。

　2つ目は、非正規労働者の労働条件が正規社員と比べ、きわめて劣っていることである。賃金をはじめ、社会保険の加入状況、社内福利など雇用・労働条件で大きな格差がある。それは、労働内容の差では説明できない大きな開きであり、差別としかいえないような格差である。

　3つ目は、先にもふれたが、圧倒的に女性が多いということである。2016（平成28）年には非正規労働者は2015万人いるが、そのうちの約7割（67.8％）、1367万人が女性である。1990年代半ば以降は、男性にも、それもこれから職業人生を開始する若者の間でも広がり始めている。とはいえ、男性の急増を上回る勢いで女性の間で広がり、依然として女性が中心を占めている。

② 非正規労働者の増加の背景

　非正規労働者が1990年代半ばから急増したことには、いくつかの要因がある。まず、1990年代初頭にバブルがはじけ、それ以降長期の不況が続いたことである。しかも過去の不況とは比較にならないほど景気が悪化したため、企業は正規社員の採用を躊躇し、簡単に雇用調節のできる非正規労働者の採用に切り替えた。

　またちょうどこの同じ時期が、世界経済の環境変化と重なり、いわゆる経済のグローバル化が本格化したことである。世界の大企業同士が、地球規模で競争する経済環境（メガ・コンペティション）となり、競争力強化が求

められた。しかも、近隣のアジア諸国の台頭もあり、人件費の節約が競争力強化策としてめざされることとなった。その結果、賃金の高い正社員よりも、賃金が低くいつでも雇用調節のできる非正規労働者の活用へとシフトすることとなった。

このような経済環境の変化に直面し、日本の財界は、雇用方針を大きく転換することとなった。それが1995（平成7）年に日本経営者団体連盟が発表した『新時代の「日本的経営」』である。それは、これまでの新卒者の一括正社員採用を改め、労働者を3つのタイプの雇用で活用する、いわゆる雇用のポートフォリオへの転換宣言であった。

3タイプのうち、まず1つ目は、従来の正社員型雇用を「長期蓄積能力活用型グループ」と呼び、職種としては管理職・総合職・技能部門の基幹職に限定し、これらの労働者には、年功序列賃金や終身雇用といった従来通りの処遇を保障するものである。

2つ目は、「高度専門能力活用型グループ」と呼び、職種としては、企画・営業・研究開発など従来の花形部門を、賃金は年俸制に、雇用契約は有期雇用に短縮し、処遇を大幅に変更しようとするものである。環境変化に柔軟に対応しつつ、高度な人材を必要に応じて適宜有効に活用しようという戦略である。

3つ目は、「雇用柔軟型グループ」であり、職種は一般職・技能部門・販売部門であり、賃金は時間給で、契約は有期雇用とする。まさに職種全体を非正規雇用へと転換をめざすものである。

このように正社員としての安定した雇用の対象を大幅に狭め、有期雇用を拡大して、賃金制度も変更し、企業が雇用を大量に抱え込まない体制づくりがめざされたのである。つまりこれからは、女性だけではなく、男性も含めて、雇用の短期化、いいかえれば「労働力の流動化」を進めるという雇用戦略への大胆な転換であった。

以上の雇用方針の大転換は、1990年代後半から形をみせはじめ、その後景気の動向とは関係なく、いっかんして進められた。2002～2008年の戦後最長の景気回復期でも、基調は変わらなかった。短期間のうちに雇用の非正

規化が進み、女性の場合は 2003 年以降、非正規労働者が正規労働者を上回るようになり、男性でも 2 割程度は非正規が占めるようになった。こうしていまや雇用者全体の 4 割近く（37.5％　2016 年）[2]が非正規労働者となり、生活難や結婚・子育ての家族形成難を抱える階層を拡大しながら、世界有数の格差社会へと変貌を遂げたのである。

2．パートタイマー
――非正規労働者の典型

　次に非正規労働者の実態として、女性労働者の場合、最大を誇るパートタイマーについてみていこう。「パート・アルバイト」が非正規の職員・従業員全体に占める割合は、男女合計で、約 7 割（69.3％）、女性だけだと約 8 割（78.6％）である（2016 年）[3]。

① 定義とパートタイマー数

　パートタイマーとは、通常の労働者（フルタイマー）より労働時間が一定程度短い労働者のことであり、「労働力調査」では週労働時間が 35 時間未満の労働者を指している。

　パートタイマーは、2016（平成 28）年に男女合計で 1683 万人を数え、うち女性は 1143 万人、全体の 7 割弱（67.9％）を占める[4]。かつてパートタイマーという就業形態が登場した当初（1960 年代前半まで）は、むしろ男性のほうが多く主流であった。しかしその後の経済発展とともに、女性パートタイマーが増加の一途をたどった。

---

2)「雇用形態別役員を除く雇用者数の構成比の推移」『女性労働の分析 2016 年』148 ページ。原典：総務省「労働力調査（基本集計）」（2013 ～ 2016 年、年平均）。

3)「雇用形態別役員を除く雇用者数の推移」『女性労働の分析 2016 年』147 ページより作成。

4)「短時間雇用者数及び構成比の推移（非農林業）」『女性労働の分析 2016 年』207 ページ。

第 5 章　非正規労働者　　157

　それに伴い、女性雇用者全体に占めるパートタイマーの割合も順次増加し、1970 年代の 1 割強から 1980 年代の 2 〜 3 割強を経て、1990 年代には約 3 割、2000 年代にはさらに約 4 割へと増加した。2016 年現在、パートタイマーは女性労働者の 47.0％を占めている。パートタイマーは、いまや正社員と並ぶ一大勢力に変貌した。

　女性パートタイマーの就業分野を産業別にみると、「卸売業、小売業」が最大で 269 万人、約 4 分の 1 （23.5％）、次いで「医療、福祉」が 241 万人、2 割強（21.1％）、第 3 位が「宿泊業、飲食サービス業」143 万人、1 割強（12.5％）である。この 3 つの産業で約 6 割（57.1％）を占めている。近年雇用の増加の顕著な「医療、福祉」や「宿泊業、飲食サービス業」で、パートタイマーの雇用が増加しているということを示している。他方、「製造業」でも近年増加しており、4 番目に多い分野となっている（103 万人、9.0％）[5]。

　企業規模別にみると、もっとも多いのが「1 〜 29 人」の小零細企業（375 万人、32.8％）である。一方「500 人以上」の大企業も多い（304 万人、26.6％）。女性パートタイマーの女性雇用者総数に占める割合は、「10 〜 29 人」が群を抜いて高い（53.6％）が、「500 人以上」（46.9％）や「30 〜 99 人」（45.4％）も高く、いずれの企業規模でも上昇傾向にある[6]。

② 労働条件──労働時間と賃金など

労働時間

　次に 2016（平成 28）年の女性パートタイマーの労働条件について、みてみよう[7]。まず労働時間であるが、1 日の所定内実労働時間は 5.3 時間である。

---

5)「産業別短時間雇用者数の推移（非農林業）」、「産業別短時間雇用者数の構成比及び雇用者に占める短時間雇用者の割合の推移（非農林業）」『女性労働の分析 2016 年』208 〜 209 ページ。

6)「企業規模別短時間雇用者数の推移（非農林業）」、「企業規模別短時間雇用者数の構成比及び雇用者に占める短時間雇用者の割合の推移（非農林業）」『女性労働の分析 2016 年』210 ページ。

7)「産業別短時間労働者の平均勤続年数、1 日当たり所定内労働時間、実労働日

1カ月の就業日数が16.6日であるので、1カ月の労働時間は88.0時間（年間では1056時間）となる。女性正社員の月間労働時間は172時間（残業込み　年間では2064時間）であるので、パートタイマーは、正社員の5割強（51.2％）働いていることになる。

産業別でみると、製造業が109.2時間ともっとも長く（年間では1310時間）、金融業、保険業（100.8時間）、運輸業、郵便業（97.4時間）までは月100時間前後であり、卸売業、小売業（91.5時間）でも平均以上である。

ところで、ヨーロッパにおいても、パートタイマーの労働時間はフルタイマーの半分弱である[8]。日本のパートタイマーも週20.2時間で、フルタイマーの半分強であるので、あまり大きな違いはない。しかし年間労働時間でみると大きな違いがある。違いをもたらす主要な原因は、年次有給休暇と残業時間である。

ちなみに、日本の1人当たり平均年間総実労働時間（1719時間）を、世界でも労働時間短縮の進むドイツ（1371時間）やフランス（1482時間）[9]と比べると、240～350時間の開きがある（2015年の数値）。これは労働日数に直すと、年間で1.5～2.0カ月の差となる。

つまり、日本のパートタイマーの労働時間は、フルタイマーの半分強とはいえ、フルタイマー自身の労働時間が長いため、年間では相当働いていることに注意する必要がある。日本のパートタイマーは、フルタイマー同様、ヨーロッパのパートタイマーに比べると「長時間労働」なのである。しかも、一部ではあるが、週35時間以上働くパートタイマーもいて、このような労

数、1時間当たり所定内給与額及び年間賞与その他特別給与額（企業規模10人以上）」『女性労働の分析2016年』212ページ。原典：厚生労働省「賃金構造基本統計調査」2016年。

[8] 2001年のEU15カ国の数値では、パートタイマーの週労働時間は19.7時間、フルタイマーのそれは41.6時間であり、パートタイマーはフルタイマーの半分弱（47.4％）である。欧州生活労働条件改善財団「欧州の労働時間」（2004年7月）より。なお、OCEOのパートタイム労働者の定義は、現在、週労働時間が30時間未満の者である。

[9] オランダ、デンマーク、ノルウェーも1人当たり年間総実労働時間は1400時間台である。労働政策研修・研究機構『データブック　国際労働比較　2017』より。

働者は"擬似パート"と呼ばれている。

賃金

　次に賃金についてみると、パートタイマーの場合は時間給であり、2016年は女性の平均で1054円である。2012年以来1000円台になっている。時間給が900円台にのったは2004年（904円）が初めてであり、2011年まで8年間続いた。産業別にみると、もっとも高いのは医療、福祉の1258円であり、次いで金融業、保険業の1234円、さらにサービス業（ほかに分類されないもの）の1033円と続いている。

　パートタイマーの月収は個別にみると大きな開きがある[10]。2014年9月の賃金総額では、10万円未満が55.0％で最大、10〜20万円未満も38.1％と多く、20万円未満で93.1％とほとんどを占めている。一方20〜30万円も3.7％あり、ごくわずかではあるが高額の月収の者もいる（30〜40万円0.3％、40〜50万円0.1％、50万円以上0.5％）。

　2016年の女性パートタイマーの平均時給が1054円だと、月収は約9.3万円である（1時間1054円×5.3時間×16.6日＝92,731円）。さらに年収となると、約111万円である（1カ月92,731円×12カ月＝1,112,772円）。

　この女性パート賃金を、女性正社員の賃金と比べてみると、1時間当たり賃金で65.6％である。女性正社員の1時間当たり賃金は1607円（所定内給与額が262.0千円÷所定内労働時間163時間）であるので、女性パート賃金は、この65.6％にあたる。また同様に、男性正社員の1時間当たり賃金は2115円（所定内給与349.0千円÷所定内労働時間165時間）であるので、女性パートの賃金は、この49.8％にあたる。正社員に比べ、1時間当たり賃金で50〜66％の低賃金で、女性パート労働者は働かされているのである。パートを雇用する理由で最大の要因は、「人件費が割安なため」（48.6％）である[11]が、まさに、企業の期待通り、いやそれ以上の安さである。

10）厚生労働省「2014年　就業形態の多様化に関する総合実態調査の概況」19ページより。

11）厚生労働省「2011年　パートタイム労働者総合実態調査（事業所調査）の概況」6ページ。

なお、正社員の場合、毎年の賃金引き上げは、定期昇給やベースアップを通して実施されているが、パートタイマーに対して「定期昇給」を実施している事業所は、3割弱（27.8％）しかない（正社員に対しては66.5％）[12]。

賞与

日本では、賞与は年収の一定割合を占める。ところが、パートタイマーにボーナスを支給している事業所は23.9％しかなく、正社員に対し支給している事業所の86.1％と比べ、きわめて少ない[13]。しかもパートの賞与（ボーナス）は極端な低額である。2016年の場合、支給額はわずか3万8900円である。過去最高であった1992年でも9万8800円でしかなかったが、その4割程度にまで落ち込んでいる。なお産業別にみると、金融業、保険業が最高で10万2200円、次いで製造業の6万3700円、さらに医療、福祉の5万7600円と続いている[14]。

ちなみに、この賞与額は、女性正社員の賞与75.4万円の5.2％、男性正社員の115.3万円の3.4％にしかすぎない。

そこで、年収で女性パートの賃金を女性正社員や男性正社員と比較してみると、女性パートの年収は、115万1672円（111万2772円＋賞与3万8900円）であるので、女性正社員（413万8000円）の27.8％、男性正社員（578万5000円）の19.9％となる。年収には、労働時間の差だけではなく、賞与の差やもともとの1時間当たり賃金の差などが加味されてきわめて大きな格差となっている。

その他の労働条件

その他の労働条件として、各種手当の支給状況[15]をみると、比較的多い

12）厚生労働省「2011年 パートタイム労働者総合実態調査（事業所調査）の概況」12ページ。
13）厚生労働省「2014年 就業形態の多様化に関する総合実態調査の概況」22ページ。
14）『女性労働の分析 2016年』212ページ。
15）厚生労働省「2011年 パートタイム労働者総合実態調査（事業所調査）の概況」12ページ。

のが「通勤手当」(65.1％) である。しかし「家族手当」(2.5％) や「住宅手当」(2.0％) はほとんど支給されていないし、「退職金」(13.0％) も少ない。それ以外の福利厚生としては、「慶弔休暇」(42.2％)、「休憩室の利用」(60.3％)、「更衣室の利用」(61.8％) は比較的多いが、「人間ドックの補助」(20.2％) は一部にとどまる。パートタイマーの場合は、雇用契約が短期とは限らない (雇用契約は、期間の定め無しが48.6％、期間の定め有りが51.4％とほぼ同じ) が、それでもこの程度にとどまっている。

なお職務が正社員と同じパートタイマーに対しては、各種手当の支給や福利厚生の利用は多少改善されているが、正社員とは大きな開きがある。ちなみに支給状況は、「通勤手当」(71.6％)、「家族手当」(7.0％)、「住宅手当」(5.4％)、「退職金」(29.7％)、「慶弔休暇」(52.1％)、「休憩室の利用」(70.8％)、「更衣室の利用」(67.2％)、「人間ドックの補助」(27.6％) である。

以上みたように日本の女性パートタイマーは、フルタイマーの半分強の労働時間であるが、ドイツやフランスなどヨーロッパと比べると、年間では労働日数が多く労働時間はかなり長い。にも関わらず、賃金はきわめて安く (女性正社員に比し、1時間当たり賃金で66％、年収で28％)、またその他の労働条件でも格差が大きく不利益を被っている。

③「パート103万円の壁」について

パートタイマーの賃金や収入は、一般労働者との間に大きな開きがみられるが、それはどうしてであろうか。担当する仕事の違いや不当な賃金格差という要因もあるが、それ以外にも、パートタイマーを低賃金に誘導する税制・社会保障制度の存在が指摘されている。これらの制度に影響されて、女性パートタイマーの多くは、年収103万円以下に追い込まれている。いわゆる「パート103万円の壁」である。

日本では、年収が103万円以下であれば、税制や社会保障制度上で、優遇措置が受けられることになっている。とくに既婚女性パートの場合は、夫の収入にも影響をおよぼす。そのため、このメリットの活用を意図して、年収を100万円程度に抑制する人も多い。なかには、年末がきて年収が103万円

を超えそうになれば、あえて就業調整をして、年収を103万円以内に抑える人もいる（女性パート労働者の22.4％「2006年 実態調査」より）。

では、この「パート103万円の壁」とはどのようなものであろうか。まず第1に、税制に関しては、年収が103万円以内であれば、必要経費（基礎控除38万円と勤労所得控除65万円）の範囲内となるので、課税所得はゼロとなり、所得税はかからない。その結果、税制上は、扶養能力のない被扶養者（誰かに養ってもらうべき存在）とみなされる。

第2に、この年収103万円以内の女性を妻にもつ夫は、この妻の扶養者とみなされるので、この夫に対して配偶者控除が適用される。税制上、妻は専業主婦と同様にみなされるのである。その結果、夫の課税所得は、配偶者控除額（38万円）分が減額されて、夫は減税のメリットを受けることができるのである。

ところで、配偶者控除の給与年収上限は長らく103万円であったが、2018（平成30）年からは150万円に引き上げられた。また夫の年収要件が加えられ、夫の年収が一定額を超えると配偶者控除額が減額されるようになった（1120～1220万円で減額、1220万円以上は0）。

その結果、夫の年収が1120万円以下の場合は、妻の年収が103万円以下であれば38万円の配偶者控除が適用され、また妻の年収が103～150万円であれば、38万円の配偶者特別控除が適用されることとなった。妻の年収が150万円を超えると、201万円になるまでは、配偶者特別控除が減額されながら適用される。

なお夫の年収が1220万円を超えると、配偶者控除も配偶者特別控除の適用も受けられない。

このように、たとえ妻に収入があっても、年収150万円以内であれば、夫にも38万円の配偶者控除または配偶者特別控除が適用され、減税という優遇措置が適用されるのである。

第3に、もし夫の会社の賃金規定に「家族手当」があり、配偶者にも手当が支給されているとすれば、年収103万円以内の妻は被扶養者とみなされるので、専業主婦の場合と同様に、家族手当の支給を受けることができる。会社により、支給基準は異なるが、このような基準を設けている場合が多い。

第5章　非正規労働者　　163

　第4に、女性パートの年収が130万円以内の場合、本人名義で社会保険に加入しなくても、夫の社会保険の被扶養者となることができる。医療保険の場合は、夫の健康保険制度の家族被扶養者として、医療費の減額措置が利用できる。また年金制度の場合は、夫がサラリーマンであれば、いわゆる第3号被保険者として、保険料を支払わなくても将来国民年金（基礎年金）の支給対象者となることができる。ただし夫が自営業者であれば、自分で国民年金などに加入しないと、将来無年金者になる。

　ちなみに、女性パート労働者の年金制度加入状況についていえば、「配偶者の加入している年金の被扶養配偶者」である場合が42.6%ともっとも多い。それに対し、自分名義の年金制度に加入している人は、「厚生年金・共済年金に本人が被保険者として加入」が30.6%、「国民年金に加入」が18.8%である。合計すれば約半分（49.4%）となり、被扶養配偶者である場合を少し上回っている。なお少数であるが、いずれの年金制度にも加入していない人もいる（5.5%　以上の数値は、「2006年　パート労働者総合実態調査」による）。

　このように、既婚女性パートタイマーの場合、年収が103万円以内（夫の所得税については150万円以内）であれば、自分の所得税（0円）、夫の所得税（減額）、夫の手当、社会保険制度（被扶養者や第3号被保険者）において、経済的メリットを受けることができるので、年収を抑制するように誘導されるのである。

④ パートタイマーの雇用・労働条件の是正について

ILO「パートタイム175号条約」（1994年）

　パートタイマーの雇用・労働条件が、フルタイマーや正規労働者のそれと比べて劣っているのは、世界共通の社会問題である。女性は、家族的責任のためパートタイマーを選択することも多く、パートタイマーの劣悪な雇用・労働条件は間接的女性差別とみなされている。実際EU加盟国では、女性パートタイマーがフルタイマーと同じ仕事に従事していても、賃金をはじめとする労働条件に格差がある場合、パートタイマーに女性が多いことを考慮

して、それは女性に対する間接差別であるとの判例が出されている。

1981（昭和 56）年に ILO で成立した「家族的責任を有する男性労働者の機会及び待遇の均等に関する条約」（以下、「家族的責任条約」と略す）・「家族的責任勧告」は、家族的責任と密接に関連するパートタイマーという就業形態の劣悪な労働条件を改善する基本方策を提示した。この改善策の基本原則をふまえながら、実際に適用可能なように、より精緻化したものが、1994（平成 6）年に成立した ILO「パートタイム労働に関する条約」（第 175 号）（以下、「パートタイム 175 号条約」と略す）である。

それによると、パートタイム労働者の雇用・労働条件改善のキーワードは「均等待遇」であり、労働時間の違いを理由とする不当な格差を認めないというものである。パートタイマーに保障されるべき雇用・労働条件は、「比較可能なフルタイム労働者」との均等待遇である。

「比較可能なフルタイム労働者」とは、ア．雇用関係が同じ、イ．仕事内容が同じ（または類似）、ウ．雇用先が同一事業所（もしいなければ同一企業、さらに同一産業まで拡大可能）という 3 つの条件を満たす者のことである。この 3 つの条件を満たすフルタイム労働者と同じ雇用・労働条件を、パートタイム労働者に保障すべきというものである。

具体的には、賃金（基本賃金）、社会保障、母性保護と有給休暇、労働基本権、安全と健康、雇用における保護などが対象であり、広範な内容におよんでいる。

日本は、この ILO「パートタイム 175 号条約」をまだ批准していない。それどころか、この条約の趣旨に反する「パートタイム労働法」を制定・改正して、パートタイム労働者に対する格差＝差別の維持に固執している。

改正「パートタイム労働法」（2007 年成立、2008 年 4 月 1 日施行）

日本が最初に「短時間労働者の雇用管理の改善等に関する法律」（以下、「パートタイム労働法」と略す）を制定したのは 1993（平成 5）年であり、ILO「パートタイム 175 号条約」が成立する 1 年前であった。この法律は努力義務規定が多く、実効性がないと評価された。

その後 2007 年に改正された「パートタイム労働法」は、世界のパートタ

イム労働者保護の原則が「均等待遇」であるのに対し、「均衡処遇」を労働者保護の原則とした。「均衡処遇」とは、あくまで正社員とのバランスを考慮した処遇ということであり、格差の存在を前提にした考え方である。それに対し「均等待遇」は、同一の権利や比例の原則により時間当たりで同一の賃金など労働条件を公正に保障しようとするもので、格差の縮小・解消を目標にしている。このように、あくまでも格差はあることを前提に適切なバランスをとることを基本とする「均衡処遇」と、格差の縮小・解消を目標とする「均等待遇」とは、似たような言葉でありながら、目標や理念を異にしている。

　2007年の「パートタイム労働法」は、パートタイム労働者を、正社員と3つの基準で比較し、異同の程度に応じて4つに分類した。3つの基準とは、ア．職務、イ．人材活用のしくみや運用等、ウ．契約期間、である。その結果、パートタイム労働者は次のような4つに分類された。ⅰ．職務、人材活用のしくみや運用等、契約期間、すべてが同じ、ⅱ．職務、人材活用のしくみや運用等が一部同じ、ⅲ．職務が同じ、ⅳ．すべて異なる、である。

　ⅰ．に該当するのはパートタイマーの3％しかいなかった。ⅱとⅲに該当するのが30％で、同じ仕事に従事するパートタイマーは一定割合存在することを示している。それに対し、ⅳに該当する者は65％で、パートタイム労働者とフルタイム労働者で仕事分けが行われていることを示している。

　このような分類の結果、正社員と同様の労働条件が適用されることになったのは、ごくわずかしかいないⅰのパートタイマーのみである。ⅱやⅲに該当したパートタイマーには、職務遂行に必要な教育訓練の実施義務程度の改善しかなく、65％と圧倒的に多いⅳのパートタイマーに対しては、「職務の内容、意欲、能力、経験成果等」を考慮して処遇することとなった。

　この結果、パートタイム労働法の改正は、パートタイム労働者の雇用・労働条件の改善にあまり効果をもたらさなかったのである。

2014年改正「パートタイム労働法」

　「パートタイム労働法」は、2014年に再度改正され、一定の改善をみた。それは、2012年の「労働契約法」の改正に伴うものであった。今回の改正

で大きな特徴は、雇用契約の違い（無期労働契約か有期労働契約か）を理由に、パートタイム労働者を正社員と差別してはならないこと、それゆえパートタイム労働者と正社員との異同の比較基準から「契約期間」を削除したことである。正社員は無期雇用であるのに対し、パートタイマーの場合、有期雇用も多く（51.4％）、これだけで均等待遇からはずされてきたから、この条件の削除は大きな前進であるといえよう。

〈パートタイム労働者と正社員の待遇の不合理な格差の禁止〉

2014年改正「パートタイム労働法」のもう一つの特徴は、パートタイム労働者の公正な待遇を確保するために、パートタイム労働者と正社員との間の待遇の不合理な格差を禁止していることである。「パートタイム労働法」第8条は「パートタイム労働者と正社員との待遇の相違は合理的でなければならない」と述べている。

とはいえ、これは不合理な相違は認められないが、「合理的な」相違であれば、認められるということである。ではどのような場合が「合理的」な相違にあたるのかといえば、それは、次の3つの基準に基づいて判断される。ⅰ職務の内容、ⅱ人材活用のしくみ（配転や昇進等）、ⅲその他の事情、である。

ここでいうⅰ職務とは、業務の種類（職種）や中核的業務だけではなく、責任の程度も問われる。そして責任には残業の応諾も含まれている。パートタイマーは、もともと短時間勤務志向だからこそ選択しているのに、残業に応じられるかどうかで、責任の程度や職務の異同を決められるのは不合理である。また正社員についても、残業が当たり前の働かせ方にしていることこそ問題である。基本的には残業はしない、という働き方にしないと、パートタイム労働者とフルタイム労働者の格差は縮小していかない。少なくとも残業を前提に入れない基準で、比較されるべきである。

またⅱ人材活用のしくみは、転勤の有無とその範囲や、職務内容の変更予定などが含まれている。正社員の長期的キャリア形成を基準にすえて、それとの差異が、厳密に比較されている。しかし将来の可能性を含む潜在的差異と比較するのは不合理で、今現在就業している仕事内容での比較に限定すべ

きである。

このようにどこまでが「合理的な」格差かについての解釈は、労使で大きく見解が分かれそうである。

〈「通常の労働者と同視すべきパートタイム労働者」への均等待遇〉

「パートタイム労働法」は、第9条で、パートタイム労働者が、ⅰ職務内容と、ⅱ人材活用のしくみ（配転や昇進等）が通常の労働者と同じであれば、「通常の労働者と同視すべきパートタイム労働者」とみなされ、パートタイム労働者であることを理由とする差別的取り扱いが禁止される（均等待遇の原則）。雇用契約の相違（有期雇用契約か、無期雇用契約か）も、正社員の雇用・労働条件との相違の理由にはならない。

その均等待遇には、賃金（基本給、賞与、退職手当、その他諸手当を含む）のほか、福利厚生、教育訓練、休日休暇、安全衛生、災害補償、解雇の基準などすべてが含まれる[16]。

しかしⅰ職務内容やⅱ人材活用のしくみ（配転や昇進）に違いがある場合、すなわちⅰは同じでもⅱが違ったり、両方とも違う場合には、異なる待遇（合理的な格差）が認められる。

その際、賃金については、「事業主は通常の労働者との均衡を考慮しつつ、職務の内容、成果、意欲、能力、経験等を勘案するように努めるものとする（法10条1項)」[17]とされている。

また、職務内容に密接に関連して支払われていない諸手当のうち、通勤手当については、距離や実際の経費に関係なく一律の金額を支払っている場合は、均衡待遇に努めなければならない（規則3条)[18]とされている。

〈教育訓練と福利厚生〉

教育訓練については、通常の労働者と職務が同じ場合は、すでに必要な能

---

16) 宮里邦雄・古田典子・秦雅子著『女性労働・パート労働・派遣労働』旬報社、2016年、123ページ。
17) 同上、124ページ。
18) 同上、124ページ。

力を有している場合を除き、通常の労働者に行う職務の遂行に必要な教育訓練を行わなければならない（第11条1項）し、職務が同じでない場合は、通常の労働者との均衡を考慮し、職務の内容、成果、意欲、能力、経験等に応じた教育訓練を行うよう努めなければならない（第11条2項）。

　さらに福利厚生については、「通常の労働者が利用できる給食施設や休憩室、更衣室の福利厚生施設については、パートタイム労働者にも利用の機会を提供するよう配慮しなければならない（法12条）。これらの施設は就労に必要な基礎的施設であるからである。」[19]

　なお、「改正パートタイム労働法」では、これ以外にも、労働条件を明示した雇い入れ通知書の交付義務化や、パートタイム労働者の正社員への転換推進のための措置の義務化なども決められた。

　以上みてきたように、2014年改正「パートタイム労働法」は、職務内容や人材活用のしくみが正社員と同じパートタイマー（「通常の労働者と同視すべきパートタイム労働者」）に対しては、雇用契約の違いを超えて、均等待遇を適用することとなった。また、パートタイマーと正社員の待遇の格差も、「合理的」でなければならないという一定の歯止めをかける等改善がみられた。

　しかし、職務内容の解釈や、人材活用のしくみという要素は、正社員とパートタイム労働者を峻別する根拠になっている。結局、日本の「パートタイム労働法」は、恒常的残業と転勤を伴う「過酷な」正社員の雇用慣行を基準としたうえで、パートタイム労働者が正社員にどれだけ近づいているかを評価しようとしている。その意味で、あくまでも均衡という名のもとに格差の温存を図る方針であるといえよう。

　パートタイマーと正社員の待遇の格差が、真に「合理的」なものになるためには、今現在従事している労働内容の公正な評価が求められる。パートタイム労働者とフルタイム労働者との違いは労働時間の長さだけ、というヨーロッパにならい、均等待遇を実現することが求められる。

19）宮里邦雄・古田典子・秦雅子著　前掲書、126ページ。

3. 派遣労働者

① 定義と派遣労働の問題点

　派遣労働者とは、派遣会社に雇われて、その命令で他企業（派遣先企業）に出向き働く労働者のことをいい、雇用主（派遣会社、派遣元企業という）と使用者（派遣先企業）が異なる特別の雇用関係にある労働者のことである。一般の労働者は、雇用主と使用者は同じである。

　このような雇用関係が、派遣労働者の雇用・労働条件に問題を生んでいる。まず第1に、賃金・労働条件が派遣先の正社員に比し悪いことである。派遣労働者の賃金は、派遣会社から支払われるが、それは派遣先企業が、派遣契約に基づき派遣会社に支払った代金から出る。派遣会社は受け取った代金の3〜5割を差し引き（中間搾取という）、残りを派遣労働者に支払うので、派遣労働者の賃金は、そのぶん低くなる。また担当する仕事内容が契約と異なったり、社会保険に加入させてもらえなかったり、福利厚生の利用の制限があったりと、雇用・労働条件に問題が多い。

　第2に、派遣先で雇用・労働条件について交渉の必要性が生じても、派遣先の企業は雇用主ではないことを理由に交渉には消極的である。派遣労働者が労働組合を結成しようとすれば、派遣会社との派遣契約を解約して、派遣労働者を解雇しようとするなど、派遣労働者が労働者としての基本的権利を行使することは、一般の労働者より難しい状況にある。

　第3に、派遣労働者の契約期間は3カ月以下が全体の6割強といわれ、1カ月、2カ月も含めて非常に短期であり、労働者としての地位が不安定である。

　派遣労働者は、自分の都合に合わせた働き方が可能だとか、自分の得意な業務の選択が可能といわれることもあるが、派遣労働で生活を支えなければならないとすれば、そのような選択もかなり制約されるであろう。

②「労働者派遣法」の成立とその後の推移

　派遣労働者は、戦後制定された「職業安定法」第44条の労働者供給業の禁止により、本来は、その存在が認められなかった。しかし1970年代から、石油危機後の"減量経営"の一環として、人材の外注化が進行するようになると、違法状態のもとで増加していった。派遣労働者を使用する企業にしてみれば、即戦力となる人材を、必要な時、必要な期間だけ利用できる効率的な方法であった。また自社で雇うとすればかかる採用や教育訓練の費用を節約でき、コストの軽減をもたらした。企業のリストラにも利用しやすいなど、多くのメリットがあったからである。

　その後、増加した派遣労働者の保護と、急速に変化する専門知識や体験を必要とする業務の拡大などを理由に、労働組合の大反対を押し切って、「労働者派遣法」が1985（昭和60）年に成立した。法律制定当初は、派遣労働者を使用できる業務は13に限定されていたが、1996（平成8）年には26業務に拡大した。

　1999年には法律が抜本的に改正され、それまでのポジティブ・リスト方式から、ネガティブ・リスト方式に転換した。その結果、派遣労働者の使用は、多少の適用除外を除き、原則自由となった。わずか13業務の限定的使用で認められたものが、原則、どの業務でも使用可能となったのである。このとき適用除外となったのが、港湾運送業務、建設業務、警備業務、医療業務、製造業務であった。この拡大と合わせて、派遣労働者の利用は1年間までと上限が定められ、1年を超えて利用する場合には、派遣先企業が直接雇用する義務が課せられた。

　2003年には再度法律の改正があり、1999年の改正では適用除外であった製造業務でも使用が可能となり、医療関連業務も紹介予定派遣であれば使用可能となった。また、派遣労働者の直接雇用申し込み義務は、労使の合意があれば、1年ではなく、最長3年まで延ばすことができるようになった。なおそれは一般的な業務の場合であり、専門業務の場合にはこのような義務はなく、3年を超えて派遣労働者を受け入れることができる。

「労働者派遣法」の改正により、派遣労働者は急増した。労働者派遣事業所の派遣社員は、2000年には33万人（うち女性25万人、男性9万人）であったが、2005年には3倍に増加して106万人（うち女性63万人、男性42万人）、2008年のピークには4.2倍の140万人（うち女性85万人、男性55万人）にまで増加した[20]。

しかしリーマン・ショック後は派遣切りが横行し、多くの派遣労働者が、仕事と住居を一気に奪われ、その後ホームレスに転落するなど悲惨な状況を生んだ。ちなみに派遣社員は、2008年のピーク（140万人）から2012年（90万人）にかけて50万人（△35.7%）も激減した。うち女性は、85万人から55万人へ30万人（△35.3%）の減少、男性は55万人から36万人へ19万人（△34.5%）の減少と、いずれも厳しい削減であった[21]。景気の調整弁として、きわめて安易に利用されたことが明らかであり、雇用や生活の安心・安定はまったく顧みられなかった。

このような厳しい派遣切りに対し社会的批判が高まり、2012年には法改正が行われた。もっとも批判の厳しかった日雇い派遣（30日以内）は、原則禁止された。その後、景気動向の変化を反映して、派遣社員はまた急増し、2016年にはピーク時に近い水準にまで回復した。ちなみに、2016年は、133万人、うち女性78万人、男性55万人である[22]。

③ 2015年改正「労働者派遣法」

ところが2015（平成27）年には、「労働者派遣法」が再度改正された。主な改正内容は、まず第1に、これまで区別されてきた専門26業務と一般業務の区別をなくしたこと、第2に、同じ派遣労働者を同一の組織単位で受け

---

20) 以上の数値は、「雇用形態別役員を除く雇用者数の推移」『女性労働の分析 2016年』147ページによる。原典は総務省「労働力調査特別調査」（1985 〜 1990年、各年2月）、「労働力調査（詳細集計）」（2005 〜 2012年、年平均）。

21) 2008年から2009年の1年で32万人（女性13万人、男性18万人）減少した。以上の数値は、「雇用形態別役員を除く雇用者数の推移」『女性労働の分析 2016年』147ページによる。

22) 同上。

入れることができるのは、３年が限度であるが、別の組織単位へ移動すれば受け入れが可能であるし、同一の組織単位でも、労働者を入れ替えれば３年を超えて使用することが可能となった。第３に、事業場単位でも、派遣労働者の受け入れは３年までであるが、過半数労働組合等の意見を聴取すれば、３年を超えて派遣労働者を使用することができるというものである。

このように、派遣労働者をより長期かつ自由に利用することが可能となり、この「労働者派遣法」改正案が、「生涯派遣・正社員ゼロ」法案と呼ばれたのも道理である。

また改正前は、一般業務に従事する派遣労働者が、３年を超えて働いていると、派遣先企業が「直接雇用」の申し入れをするか、または申し入れがない場合は、労働契約の申し込みをしたものとみなす（みなし制度）こととなっていた。

しかし、2015年の法改正により、この規定は削除された。代わって、有期雇用の派遣労働者が、同一の組織単位で３年以上派遣されることが見込まれる場合は、派遣元が、派遣先に直接雇用を求めるとか、新たな派遣先を提供するなどの雇用安定措置をとることが義務づけられた。雇用安定措置義務が、派遣先企業から派遣元企業に転嫁されたのである。

派遣労働は、あくまで臨時的・一時的雇用であり、常用代替の禁止は労働者派遣法の原則である。しかし今回の改正は、派遣労働者の長期かつ自由な利用を可能とし、派遣先企業への直接雇用の機会を著しく弱めるものとなった。

派遣労働者は、企業にとり、人材の"ジャスト・イン・タイム"として、もっとも効率よく利用できる労働者である。しかし労働は商品ではない。人間として生活できる基礎が労働である以上、常用代替禁止の原則に立ち返り、派遣労働者の利用制限と直接雇用化、労働条件の均等待遇の実現など、もっと安定した雇用が切に望まれる。

4.「労働契約法」
──2012年改正の有期労働契約に関する3つのルール

　非正規労働者の特徴のひとつは、雇用契約期間に制限があり、使用者の都合によって、短期間で雇用が終了させられることである。非正規労働者がもっと必要であれば、雇用契約は更新され、長期にわたり雇用継続することもあるが、逆に必要がないと判断されれば、契約は満了として打ち切られる。そのため、非正規労働者の、労働者としての地位は不安定で、その結果、劣悪な労働条件も受け入れざるをえなくなり、生活も不安定となりやすい。

　このような問題点が現実となった場合、多くの非正規労働者は、不満に感じ不条理と思いつつも、諦めて受け入れていった。しかし、なかには諦めずそれを裁判に訴えて、労働者の権利を守るために闘った者もいた。そのような努力が実り、非正規労働者の労働権が守られる多くの判例が蓄積されてきた。1990年代半ば以降、男女を問わず非正規労働者が増加するなかで、これらの判例は、ますます重要性を増してきた。

　「労働契約法」は、2007（平成19）年12月に成立したが、2012年に一部改正された。その際、非正規労働者の労働権を守るために長年機能してきた判例法理が、法律に組み入れられることとなった。また、格差是正のための労働組合運動や世界的動向を参考に、新たな法規制も加えられた。

　そこで以下では、有期雇用の非正規労働者の労働権を守ることに役立つ3つのルール（第18条、第19条、第20条）について、述べておきたい。

有期労働契約から無期労働契約への転換（第18条）

　無期労働契約の労働者は、新入社員として採用されると、定年まで労働者としての地位が保障される。それに対し、有期労働契約は、そのような保障がなく、労働契約は1カ月以上1年以内か、またはそれを何回か更新して数年まで、というように雇用期間に制限がある。

　今回の法改正では、そのような有期労働契約であっても、一定の条件を満

たせば無期労働契約に転換できることになった。それは、有期労働契約を繰り返して5年を超えた場合には、有期労働者は、事業主に対し、無期労働契約への転換を求めることができる、というものである。

つまり、転換の条件は、有期労働者が、同じ事業主との間で5年以上継続して雇用されてきたこと、そして、事業主に対して、無期雇用への転換の申し出を行うことである。転換の申し出がなければ、無期雇用にはなれないが、転換の申し出を行えば、事業主は拒否することはできない。

「労働契約法」第18条は、「同一の使用者との間で締結された二以上の有期労働契約（略）の契約期間を通算した期間（略）が五年を超える労働者が、当該使用者に対し、現に締結している有期労働契約の契約期間が満了する日までの間に、当該満了する日の翌日から労務が提供される期間の定めのない労働契約の締結の申込みをしたときは、使用者は当該申込みを承諾したものとみなす。」と規定している。

なお、労働条件については、別段の定めがある部分を除き、現在と同一である。

いずれにせよ、こうして、初めて無期雇用への転換のルールが法的に承認されたのである。

とはいえ、雇用継続期間の5年は長すぎはしないだろうか。ドイツやフランスは1年半で転換を認めている。また5年になる前に、雇用契約の満了を言い渡して、転換を回避する事業主が出てくるであろう。あるいは、次の有期雇用契約までの間に6カ月以上の空白期間を設けることにより、通算契約期間を5年未満に抑制するなど、いわば「脱法行為」とみなされる行為をとる事業主も出てくるであろう。

一方で、これからの労働力不足をみすえて、有期雇用労働者を無期雇用労働者に転換する動きも出てきている。この法律の有効な活用が望まれるし、有期労働者の労働権の保障のために、ドイツやフランスをお手本にさらなる改善が求められる。

「雇い止め」を許さないルールの法定化（第19条）

雇い止めというのは、事業主が有期労働契約の更新を拒否して契約が満了

となり、有期労働者の雇用が終了することをいう。この問題をめぐる裁判は、過去何度も起こされてきたが、最高裁判決により、労働者の労働権が承認されてきた。この法第19条は、最高裁により判例法理として確立されたいわゆる雇い止め法理を立法化したものである。

第19条によると、次の2つに該当する場合は、雇い止めは認められない。

まず1つ目は、過去に有期労働契約が反復更新されてきたため、その雇い止めは、無期労働契約の解雇と社会通念上同視できる場合である[23]。

2つ目は、労働者が、有期労働契約の契約期間満了時に、当該有期労働契約が更新されるものと期待することについて合理的理由があると認められる場合である[24]。

このような2つの場合に該当するときは、雇い止めは、無期労働契約の解雇に相当するので、解雇権濫用法理が類推適用される。解雇が認められるだけの特別の事情がない限り、事業主の解雇権の濫用として、解雇は無効になる。

不合理な労働条件の相違は許されない（第20条）

非正規労働者は、正規労働者と違い有期労働契約であるため、労働者としての地位が不安定で労働条件引き下げへの抵抗力も弱かった。その結果、同じ仕事に従事していても、賃金が安く、不利益を被ることが多かった。そのような不当な不利益をなくすために、要求されたのが「均等待遇」である。同じ仕事をしていれば、雇用契約に関係なく、賃金をはじめさまざまな労働条件を同一にすることを要求するものである。EUではすでに、有期労働者と無期労働者との間の均等待遇が実現している（EC「有期労働の枠組み協定に関する指令」1999年）。

そのような世界の均等待遇要求を日本でも実現しようとするものが、労働契約法第20条である。有期契約労働者と無期契約労働者（正社員）の労働条件について、有期労働契約であることを理由に不合理な相違があってはならないという原則である。

---

23) 判例は、最高裁で1974年7月22日に出された「東芝柳町工場事件」である。
24) 判例は、最高裁で1986年12月4日に出された「日立メディコ事件」である。

そして、労働条件の相違が不合理か否かの判断は、ア．職務の内容（業務の内容および責任の程度）、イ．当該職務の内容および配置の変更の範囲、ウ．その他の事情、に基づいて行われる。ここでいう労働条件とは、賃金だけでなく、すべての労働条件が対象となる。

　「労働契約法」第20条は、「有期労働契約を締結している労働者の労働契約の内容である労働条件が、期間の定めがあることにより同一の使用者と期間の定めのない労働契約を締結している労働者の労働契約の内容である労働条件と相違する場合においては、当該労働条件の相違は、労働者の業務の内容及び当該業務に伴う責任の程度（以下この条において「職務の内容」という。）、当該職務の内容及び配置の変更の範囲その他の事情を考慮して、不合理と認められるものであってはならない。」と規定している。

　この規定では、労働条件の相違の「合理性」の判断基準は、現在担当している職務の内容にとどまらず、「当該職務の内容及び配置の変更の範囲」も含んでいる。また職務の内容についても、責任の程度だけを取り上げている。このような判断基準は、不合理で、作為的である。

　なぜなら、有期雇用労働者と無期雇用労働者との比較は、現在従事している労働に限定して行われるべきで、将来の潜在的変化まで含めて対象にするのは、公平ではない。

　また仕事内容の評価には、責任だけではなく、職務遂行にかかるストレスや労働環境も含まれてしかるべきである。というのは、仕事の価値を図る方法でもっとも適正とされる要素得点法では、仕事を「その仕事を遂行するのに必要な知識や技能の程度」・「仕事遂行のためにかかるストレス」・「責任」・「労働環境」の4つで評価するからである。「知識や技能」とともに「責任」だけを取り出すのは、適切ではなく、むしろ作為的であるといえよう。

　このように、「労働契約法」第20条が、有期雇用労働者と無期雇用労働者との労働条件の相違が「不合理」であることを否定したことは、大きな改善であると評価できる。しかし現行の規定では、その判断基準に不公平・不合理性が含まれていて問題があり、さらなる改善が必要であるといえよう[25]。

---

25) この判断基準は、2014年の改正「パートタイム労働法」で、パートタイム労働者と通常の労働者の待遇格差の「合理」性を判断する基準としても採用され

第 5 章　非正規労働者　　177

おわりに：日本の女性労働の課題
――長期勤続・仕事と家庭の両立・均等待遇の実現

　戦後の女性労働は、量的拡大は著しいものの、それに見合う質的改善が緩^{かん}慢であった。女性労働者が男性労働者と対等に活躍できる社会の実現が、まさに 21 世紀の日本の課題である。そのためには、働き方を変えて、ゆとりをもって安心して長く働ける職場に改善していく必要がある。

　以下では、そのための基本的方策について述べておきたい。

性別役割分業の撤廃

　女性の社会参加を進めるためには、それを阻止する“性別役割分業”の撤廃が必要不可欠である。日本は、他の先進国と比べ、この点できわめて遅れている。女性に家庭責任を課すこの考え方を変えない限り、男女が協力した家事・育児は実現しないし、女性の職場進出にも制約が伴う。

　男女がともに仕事に従事し、経済力をもって、互いに協力して家庭を築きたいというのが、現在もっとも支持されるライフスタイルとなってきた。そのためには、家事・育児も夫婦が協力して取り組むのは当然である。家事・育児は、妻・母親だからできるのではなく、経験が上達をもたらすのである。男女を問わず、積極的に関わる必要がある。

　同様に、仕事も、男性だから優秀なのではなく、仕事の継続が、職業意識や自立意識を育み、優秀な労働者に育てていく。こうした機会を女性がもっともてるようにするために、妊娠・育児中の女性が仕事を当たり前のごとく続けられる社会にしていく必要がある。

仕事と家庭の両立、ワーク・ライフ・バランスの支援策の充実

　ILO の「家族的責任条約」や「家族的責任勧告」には、仕事と家庭の両立を実現するために必要な施策が体系的に示されている。日本は、「育児・介

ている。

護休業法」を成立させて、1995（平成 7）年にこの条約を批准している。とはいえ、この条約・勧告の要請する施策は、そのほかにもある。

　日本にとってとくに重要なのは、労働時間の短縮と柔軟な勤務制度の拡充である。もちろん育児休業制度や看護休業制度の拡充や、それが職場で自由に気兼ねなく利用できるようにすることも重要である。さらに現在も取り組まれているが、保育所や学童保育などの子育て施設の拡充も緊急課題である。男性も含めて、社会全体で、仕事と家庭の両立、ワーク・ライフ・バランスの推進に取り組む必要がある。

職場の男女平等の推進

　女性が男性と対等に生き生きと働けるためには、職業と家庭の両立によって働き続けられる条件を確保するだけではなく、職場に残る男女差別・男性優先的慣行を取り除いていく必要がある。女性の採用や登用をもっと積極的に進め、女性の職業能力が開花できる条件を保障する必要がある。そのためには、「均等法」を強化し、ポジティブ・アクションを義務づけるとともに、同一価値労働・同一賃金原則やパートタイマーへの均等待遇を活用し、不合理な差別をなくすことが必要である。

　日本も批准している「女性差別撤廃条約」は、雇用の男女差別をなくすためには、雇用機会や処遇の平等を保障するとともに、母性保護や母性差別の禁止、仕事と家庭の両立支援が、ともに必要であることを示している。女性雇用の質を改善し、雇用の男女平等を実現できるかどうかは、この両方の施策（広義の雇用平等政策）を同時並行して、強力に推進することできるかどうかにかかっているといえよう。

参考文献

赤岡功・筒井清子・長坂寛・山岡熙子・渡辺峻著『男女共同参画と女性労働』
　ミネルヴァ書房、2000年。
浅倉むつ子著『均等法の新世界』有斐閣、1999年。
飯島　裕子著『ルポ　貧困女子』岩波新書、2016年。
イエスタ・エスピン＝アンデルセン著　大沢真理監訳『平等と効率の福祉革命』
　岩波書店、2011年。
伊田　広行著『21世紀労働論』青木書店、1998年。
伊豫谷登士翁編著『経済のグローバリゼーションとジェンダー』（叢書　現代の経
　済・社会とジェンダー　第5巻）明石書店、2001年。
NHK「女性の貧困」取材班『女性たちの貧困"新たな連鎖"の衝撃』幻冬舎、
　2014年。
遠藤公嗣編著『同一価値労働同一賃金をめざす職務評価』旬報社、2013年。
大沢　真理著『企業中心社会を超えて』時事通信社、1993年。
大沢　真理著『現代日本の生活保障システム』岩波書店、2007年。
大森　真紀著『世紀転換期の女性労働』法律文化社、2014年。
大脇雅子・中島通子・中野麻美編著『21世紀の男女平等法』有斐閣、1996年。
岡沢　憲芙著『スウェーデンの挑戦』岩波新書、1991年。
岡沢　憲芙著『おんなたちのスウェーデン』日本放送出版協会、1994年。
小越洋之助著『終身雇用と年功賃金の転換』ミネルヴァ書房、2006年。
鹿嶋　敬著　『男と女　変わる力学　家庭・企業・社会』岩波新書、1989年。
鹿嶋　敬著　『男の座標軸　企業から家庭・社会へ』岩波新書、1993年。
鹿嶋　敬著　『男女摩擦』岩波書店、2000年。
木本喜美子著『女性労働とマネジメント』勁草書房、2003年。
木本喜美子・深澤和子編著『現代日本の女性労働とジェンダー』ミネルヴァ書房、
　2000年。
金谷千慧子著『企業を変える　女性のキャリア・マネージメント』中央大学出版部、
　2003年。
キャタリスト著　神立景子訳『女性に開かれた雇用モデル　米国トップ企業のベ
　スト・プラクティス』ピアソン・エデュケーション、1999年。
久場嬉子編著『経済学とジェンダー』（叢書　現代の経済・社会とジェンダー　第
　1巻）明石書店、2002年。
熊沢　誠著『女性労働と企業社会』岩波新書、2000年。
熊沢　誠著『リストラとワークシェアリング』岩波新書、2003年。
熊沢　誠著『格差社会ニッポンで働くということ』岩波書店、2007年。

黒川俊雄・小越洋之助著『ナショナル・ミニマムの軸となる最賃制』大月書店、
　2002 年。
厚生労働省雇用均等・児童家庭局編『女性労働の分析』（2005 ～ 2009 年）。
伍賀　一道著『「非正規大国」日本の雇用と労働』新日本出版社、2014 年。
柴山恵美子編著『新・世界の女たちはいま』学陽書房、1993 年。
柴山恵美子・藤井治枝・渡辺峻編著『各国企業の働く女性たち』ミネルヴァ書房、
　2000 年。
首藤　若菜著『統合される男女の職場』勁草書房、2003 年。
武石恵美子編著『女性の働きかた』（叢書・働くということ　第 7 巻）ミネルヴァ
　書房、2009 年。
竹中恵美子著『戦後女子労働史論』有斐閣、1989 年。
竹中恵美子編著『新・女子労働論』有斐閣、1991 年。
竹中恵美子先生・退任記念論文集編集委員会編『グローバル時代の労働と生活』
　ミネルヴァ書房、1993 年。
竹中恵美子・久場嬉子編『労働力の女性化　21 世紀へのパラダイム』有斐閣選書、
　1994 年。
竹中恵美子著『女性論のフロンティア　平等から衡平へ』創元社、1995 年。
関西女の労働問題研究会・竹中恵美子ゼミ編集委員会編『竹中恵美子が語る労働
　とジェンダー』ドメス出版、2004 年。
竹中恵美子・関西女の労働問題研究会著『竹中恵美子の女性労働研究 50 年』ドメ
　ス出版、2009 年。
竹中恵美子著『現代フェミニズムと労働論　竹中恵美子著作集　第Ⅶ巻』明石書店、
　2011 年。
竹中恵美子著『社会政策とジェンダー　竹中恵美子著作集　第Ⅴ巻』明石書店、
　2011 年。
竹中恵美子著『戦間・戦後期の労働市場と女性労働　竹中恵美子著作集　第Ⅲ巻』
　明石書店、2012 年。
竹中恵美子著『女性の賃金問題とジェンダー　竹中恵美子著作集　第Ⅳ巻』明石
　書店、2012 年。
竹信三恵子著『ルポ雇用劣化不況』岩波新書、2009 年。
竹信三恵子著『ルポ賃金差別』ちくま新書、2012 年。
竹信三恵子著『家事労働ハラスメント』岩波新書、2013 年。
竹信三恵子著『正社員消滅』朝日新書、2017 年。
辻村みよ子著『ポジティヴ・アクション──「法による平等」の技法』岩波新書、
　2011 年。
内閣府『男女共同参画白書』各年版

長坂　寿久著『オランダモデル　制度疲労なき成熟社会』日本経済新聞社、2000 年。
中野　麻美著『労働ダンピング——雇用の多様化の果てに』岩波新書、2006 年。
21 世紀職業財団『女性労働の分析』(2010 年〜)。
日本経済新聞生活情報部編『できれば幸せに働きたい』日本経済新聞社、2003 年。
日本弁護士連合会『女性と労働』旬報社、2017 年。
パク・ジョアン・スックチャ著『会社人間が会社をつぶす』朝日新聞社、2002 年。
藤井　治枝著『日本型企業社会と女性労働』ミネルヴァ書房、1995 年。
藤井治枝・渡辺峻編著『日本企業の働く女性たち』ミネルヴァ書房、1998 年。
深澤　和子著『福祉国家とジェンダー・ポリティックス』東信堂、2003 年。
溝上　憲文著『非情の常時リストラ』文春新書、2013 年。
三井マリ子著『ママは大臣　パパ育児』明石書店、1995 年。
三井マリ子著『男を消せ！』毎日新聞社、1999 年。
三井マリ子著『ノルウェーを変えた髭のノラ　男女平等社会はこうしてできた』
　　明石書店、2010 年。
宮里邦雄・古田典子・秦雅子著『女性労働・パート労働・派遣労働』(宮里邦雄・
　　徳住堅治編　労働法実務解説 6）旬報社、2016 年。
モーリイ・グンダーソン著　杉橋やよい・居城舜子・伊藤陽一訳『コンパラブル・
　　ワースとジェンダー差別』産業統計研究社、1995 年。
森ます美著『日本の性差別賃金　同一価値労働同一賃金原則の可能性』有斐閣、
　　2005 年。
森ます美・浅倉むつ子編『同一価値労働同一賃金原則の実施システム——公平な
　　賃金の実現に向けて』有斐閣、2010 年。
山口一男・樋口美雄編『論争　日本のワーク・ライフ・バランス』日本経済新聞
　　出版社、2008 年。
山田　久著『同一労働同一賃金の衝撃』日本経済新聞出版社、2017 年。
ユテ・ベーニング、アンパロ・セラーノ・パスキュアル編　高木郁朗・麻生裕子
　　訳『ジェンダー主流化と雇用戦略』明石書店、2003 年。
湯元健治・佐藤吉宗共著『スウェーデン・パラドックス　高福祉、高競争力経済
　　の真実』日本経済新聞出版社、2010 年。
横山　文野著『戦後日本の女性政策』勁草書房、2002 年。
レグランド塚口淑子著『女たちのスウェーデン』ノルディック出版、2006 年。
労働省婦人少年局編『婦人労働の実情』(1952 〜 1992 年)。
労働省女性局編『働く女性の実情』(1993 〜 1997 年)。
労働省女性局編『女性労働白書』(1998 〜 2004 年)。

岩間　暁子「女性労働者の非正規雇用化と格差拡大」女性労働問題研究会編『均等法 25 年と女性労働』（『女性労働研究』No.55）青木書店、2011 年。

橋本　健二「格差拡大とジェンダー——女性内部の格差拡大と貧困層の集積——」女性労働問題研究会編『格差拡大に挑む』（『女性労働研究』No.51）青木書店、2007 年。

中野　麻美「改正労働者派遣法と派遣労働の変化」女性労働問題研究会編『派遣労働とジェンダー』（『女性労働研究』No.40）青木書店、2001 年。

中野　麻美「非正規雇用をめぐる法制度の課題と展望」女性労働問題研究会編『脅かされる雇用と労働者の権利』（『女性労働研究』No.57）青木書店、2013 年。

吉村　臨兵「公共サービス分野における間接規制——リビング・ウェイジとその背後にあるアメリカの最低賃金制度——」女性労働問題研究会編『賃金の崩壊と対抗戦略』（『女性労働研究』No.46）青木書店、2004 年。

あとがき

　本書『続　ジェンダー労働論』は、前著『ジェンダー労働論』の続編である。テーマは、「労働力の女性化の光と影」であり、高度経済成長期以降60年余りの女性労働の変貌・発展と、それにもかかわらず取り残されたままの女性労働者の社会的地位の低さ・男女間格差という問題を取り扱っている。

　前半では、労働力の女性化により、女性労働者の急増（女性労働者は男性労働者の約8割に）、若者から中高年への比重の移動と共働きの一般化、高学歴化（新規学卒者の3分の2は男性と同じ大卒）などの変化・発展を実証している。

　とくに感慨深いのは、2000年代に入っての変化である。女性の働き方に関する支持では、「職業継続型」が「職業中断型」を上回るようになり、第1子出産でも職業継続する人が初めて過半数（2010～2014年）となった。雇用者の共働き世帯は、1990年代から片働き世帯を上回るようになったが、2000年代以降、その差がみるみるうちに拡大し、圧倒的な開きとなっている。小さな子どもを抱えた母親労働者が急増し、女性雇用のM字型も逆U字型への転換が間近に迫ってきている。

　このような女性労働の変貌は、日本の女性労働もようやく欧米先進国に追いつきつつあるかのような印象をもたらす。これは労働力の女性化の光の面といえよう。

　とはいえ、女性労働の急増が、企業側の労働力需要に主導されたため、パートタイマーを中心とする低賃金・非正規労働者の激増をもたらした。2003（平成15）年以降、女性労働者の過半数は非正規労働者という驚くべき雇用形態の悪化となっている。

　もちろん女性労働者や労働組合、労働者政党などによって「均等法」や「育児・介護休業法」の制定と改正が続けられ、雇用平等政策が追求されてきた。その成果が、前半の労働力の女性化の光の面を支えていることは間違いない。一般労働者の男女別賃金格差に限っていえば、この間格差は縮小し、女性労働者の賃金は男性労働者のそれの7割台に上昇した。

しかし、正社員と並ぶ一大勢力となったパートタイマーは、1時間当たり賃金で女性正社員の66％、男性正社員の50％（年収では、女性正社員の約3割、男性正社員の約2割）という低賃金のままである。パートタイマーと一般労働者を合わせた女性労働者全体では、男性労働者の賃金の約3分の2（所定内給与　年収では半分強）で、旧態依然たる水準にとどまっている。

　また、女性労働者の職業についても、事務職が首位となり、専門職も増加して男女混合職に変化した一方で、管理職の増加は微々たるもので圧倒的に男性職という状況に変化はない。管理職の女性比率の低さは、他の先進国に比べ大きな遅れを示している。

　要するに、圧倒的に女性にかたよる非正規労働者の急増と、根強い性別職務分離、とくに厳しい垂直的職務分離、これらが男女別賃金格差の縮小を阻止し、女性労働者の社会的地位を低くとどめる、労働力の女性化の影の面である。

　労働力の女性化の影は、非正規労働者の急増にもっとも象徴されるであろうが、そこだけではなく、女性正社員についても該当し、例えば男女別コース制によって厳しい垂直的職務分離が維持されてきた。

　女性正社員は、職場の雇用管理になじみ、それを当たり前と思ってしまいがちであろうが、「男女雇用機会均等法」や「女性活躍推進法」を勉強して活用し、とくにポジティブ・アクションを推進することによって、当初思い描いていたであろう男女平等・男女対等を少しでも実現するよう頑張ってほしい。また同一価値労働・同一賃金原則を学び、男性社員と比較して仕事の価値が正当に評価されているか、仕事の価値に見合った賃金となっているか、今一度検討してほしい。

　同時に、非正規労働者の仕事の中身にも関心を向け、「仕事の価値」という点から改めて評価し直してほしい。「仕事の価値」が正当に評価されているか、また賃金は仕事の価値に見合っているか、同じ労働者として関心をもってほしいと思う。

　日本の戦後の女性労働の変貌は、急激な量的拡大と一定の質的改善をもたらしたが、雇用の男女平等の進展には決定的ともいえる遅れがある。その遅れを克服するためには、垂直的・水平的職務分離の解消をめざすポジティブ・

アクションの活用や、同一価値労働・同一賃金原則の普及が必要である。また非正規労働者の雇用・労働条件の格差解消のために、均等待遇の実現が必要であり、「労働契約法」や「パート労働法」の活用と運用指針の改善も求められる。最低賃金の大幅引き上げも、必要不可欠である。

さらに、母性保護、母性差別の禁止、両立支援措置・サービスの拡充は、雇用の機会や処遇の平等実現の前提条件であり、「女性差別撤廃条約」の示す「広義の雇用の男女平等」の追求・実現が望まれる。

私事で恐縮ではあるが、本書作成途中に、母の入院と死亡という悲しい出来事に直面した。喪主として初めて体験する葬儀や四十九日の法要は、これまで出席してきた葬儀とはまるで違う大きな儀式であり、準備や後片づけの膨大さに驚くとともに大変苦労した。

私の両親は、女性が大学院に進学するのがまだめずらしかった時代にすんなり認めてくれ、30歳代の「浪人時代」にも愚痴もいわず待ってくれた。初めての出版は、竹中恵美子先生編の『女子労働論』（有斐閣、1983年）であり、とても喜んでくれた。その後、正規教員として就職し、社会的にも活躍する機会が与えられたことを、誇りに思ってくれていたようである。前著『ジェンダー労働論』も本書『続　ジェンダー労働論』も、母は手にすることはできなかったが、出版の話をとても喜んでくれたのが、せめてもの慰みである。

このような事情で、出版は当初の予定より大幅に遅れてしまったが、ここに何とか目途がたち安堵している。今回も、ドメス出版・編集者の矢野操さんには大変お世話になった。本書の構成に関する適切なアドバイスをいただき、結局5章構成にすることとなった。また、前記の事情で校正作業が一時中断してしまったとき、大変ご心配していただいたうえ、催促しながらも辛抱強く待ってくださった。他の関係者の皆さんにもご迷惑をおかけして、申しわけなく思っています。

さらに前書についての嬉しいお知らせをくださったことも、私に喜びと希望を与え、忘れられない思い出となった。

こうして、本書もたくさんの関係者の皆さんに支えられて、日の目を見る

ことができた。ドメス出版の佐久間俊一さんをはじめ、関係者の皆さんに深
い感謝の気持ちを表したいと思います。
　ありがとうございました。

　2019 年 1 月

　　　　　　　　　　　　　　　　　　　　　　　　　　川東　英子

著者紹介

川東　英子（かわひがし　えいこ）

1949 年　　香川県生まれ
1980 年　　大阪市立大学大学院経済学研究科博士課程単位取得退学
1992 年　　松山東雲女子大学講師
1999 年　　同大学教授
2015 年　　同大学 定年退職
現　　在　　松山東雲短期大学非常勤講師

主著

『ジェンダー労働論——雇用の男女平等をめざす日本と世界』（ドメス出版、2018 年）
『女子労働論』（共著、有斐閣、1983 年）
『新・女子労働論』（共著、有斐閣、1991 年）
『グローバル時代の労働と生活』（共著、ミネルヴァ書房、1993 年）
『フェミニズムと労働の間』（リンダ・ブルム著、共訳、御茶の水書房、1996 年）
『日本社会とジェンダー』（叢書 現代の経済·社会とジェンダー 第 3 巻、共著、2001 年）
『現代日本の社会政策』（共著、ミネルヴァ書房、2007 年）
「日本における『中流』の縮小」（松山東雲女子大学『松山東雲女子大学人文科学部紀要』
　第 21 巻、2013 年 3 月）
『愛媛における勤労者の生活不安の背景　リーマンショック後の家計と雇用・労働条件』
　（共著、愛媛県労働者福祉協議会、2012 年）

続 ジェンダー労働論
　労働力の女性化の光と影

2019 年 3 月 28 日　第 1 刷発行
定価：本体 2000 円＋税

著　者　川東　英子
発行者　佐久間光恵
発行所　株式会社　ドメス出版
　　　　東京都文京区白山 3-2-4 〒 112-0001
　　　　振替　00180-2-48766
　　　　電話　03-3811-5615
　　　　FAX　03-3811-5635
　　　　http://www.domesu.co.jp

印刷・製本　株式会社　太平印刷社

© Kawahigashi Eiko 2019 Printed in Japan
落丁・乱丁の場合はおとりかえいたします
ISBN 978-4-8107-0843-1　C0036

川東 英子　ジェンダー労働論　雇用の男女平等をめざす日本と世界　二〇〇〇円

竹中恵美子・関西女の労働問題研究会　竹中恵美子の女性労働研究50年　理論と運動の交流はどう紡がれたか　二三〇〇円

竹中恵美子ゼミ編集委員会編　竹中恵美子が語る　労働とジェンダー　二〇〇〇円

関西女の労働問題研究会編　ゼミナール　男女共生社会の社会保障ビジョン　二〇〇〇円

関西女の労働問題研究会編　ゼミナール　共生・衡平・自律　21世紀の女の労働と社会システム　二〇〇〇円

伊藤 セツ　女性研究者のエンパワーメント　二〇〇〇円

天野寛子・粕谷美砂子　男女共同参画時代の女性農業者と家族　二四〇〇円

橋本 宏子　切り拓く　ブラックリストに載せられても　二〇〇〇円

働く母の会編　働いて輝いて　次世代へつなぐ働く母たちの50年　二四〇〇円

塩沢美代子　語りつぎたいこと　年少女子労働の現場から　二二〇〇円

立中 修子　この扉は開けてみせる　子持ちの女は半人前なんて　二〇〇〇円

三宅 義子　女性学の再創造　二三〇〇円

柳原 恵　〈化外〉のフェミニズム　岩手・麗ら舎読書会の〈おなご〉たち　三六〇〇円

＊表示価格はすべて本体価格です